中航国铁中等职业教育"十三五"规划教材

轨道交通基础

主　编　米玉琴　韩兰英　陈爱琴

副主编　周志国　韩保全

北京交通大学出版社

·北京·

内 容 简 介

本书为中职学生了解轨道交通行业的窗口。

全书共分 8 章,内容包括认识现代交通运输体系、认识轨道交通系统、轨道交通线路、轨道交通车站、轨道交通运输设备、轨道交通供电系统、轨道交通信号系统、轨道交通通信系统。

本书图文并茂,全彩印刷,语言简练,涵盖了轨道交通领域的主要内容,适合用作城市轨道交通运营管理、铁路运输、高铁乘务等专业的专业基础课教学,也可作为对轨道交通感兴趣的人士了解轨道交通行业的入门教材。

图书在版编目 (CIP) 数据

轨道交通基础 / 米玉琴,韩兰英,陈爱琴主编 . —北京:北京交通大学出版社,2018.8
(中航国铁中等职业教育"十三五"规划教材)
ISBN 978-7-5121-3658-8

Ⅰ . ① 轨… Ⅱ . ① 米… ② 韩… ③ 陈… Ⅲ . ①城市铁路 – 轨道交通 – 中等专业学校 – 教材 Ⅳ . ① U239.5

中国版本图书馆 CIP 数据核字(2018)第 174387 号

轨道交通基础
GUIDAO JIAOTONG JICHU

策划编辑:	陈跃琴
责任编辑:	陈跃琴

出版发行:北京交通大学出版社　　　　电话:010-51686414　　http://www.bjtup.com.cn
地　　址:北京市海淀区高梁桥斜街 44 号　　邮编:100044
印 刷 者:艺堂印刷(天津)有限公司
经　　销:全国新华书店
开　　本:185 mm×260 mm　　印张:10　　字数:250 千字
版　　次:2018 年 8 月第 1 版　　2018 年 8 月第 1 次印刷
书　　号:ISBN 978-7-5121-3658-8/U・325
印　　数:1~3 000 册　　定价:60.00 元

前　言
PREFACE

随着中国经济持续稳定的发展，我国交通运输体系建设愈发完善，其中城市轨道交通及高速铁路建设都取得了举世瞩目的成就。截至 2017 年年底，我国的高速铁路运营里程突破 2.5 万 km，居世界首位，占全球高速铁路运营里程的 66%，我国开通运营城市轨道交通的城市也到了 33 座，运营线路总长 4 706 km，世界第一。

轨道交通的快速发展，产生了巨大的用人需求。党的十九大报告指出，我国社会的主要矛盾已经转化为人民日益增长的美好生活需要和不平衡不充分的发展之间的矛盾。随着生活水平的不断提高，人民群众对交通运输业服务种类、服务范围、服务能力和服务水平的要求也越来越高。很多轨道交通运营企业因此也越来越重视高品质的服务，在招募一线工作人员时，倾向于聘用那些既懂专业技能又能为客户带来良好感受的人。作为向轨道交通行业输送一线人才的职业教育工作者，深感责任重大，如何培养出真正满足轨道交通运营企业用人需要的人才，是我们必须面对的一大挑战。

本书为中职学生了解轨道交通行业的窗口，由多年从事轨道交通教学的一线教师编写，希望以通俗易懂的语言和彩色图片，让学生在轻松的氛围中走近轨道交通，了解轨道交通在现代交通运输体系中的位置，以及轨道交通是一个怎样的行业，激发学生的学习兴趣，为将来的专业课学习奠定必要的基础。

全书共分 8 章，内容包括认识现代交通运输体系、认识轨道交通系统、轨道交通线路、轨道交通车站、轨道交通运输设备、轨道交通供电系统、轨道交通信号系统、轨道交通通信系统。

本书图文并茂，全彩印刷，涵盖了轨道交通领域的主要内容，适合用于城市轨道运营管理、铁路运输、高铁乘务等专业的专业基础课教学，也可作为对轨道交通感兴趣的人士了解轨道交通行业的入门教材。

在编写本书的过程中，得到了专家、同行的热情帮助和支持，也参考了大量的相关著作、教材，在此向相关单位和作者一并致谢，感谢北京交通大学出版社的大力支持，使得本书能够及时出版。

需要指出的是，由于时间仓促，水平有限，疏漏之处在所难免，权当引玉之砖求教于同行，也恳请各位读者批评指正。

作者
2018 年 5 月

目　录

CONTENTS

第1章

认识现代交通运输体系

交通运输业是满足工农业生产和人民生活需要，保证人们在政治、经济、文化、军事等方面联系交往的手段，是衔接生产和消费的重要环节，在整个社会机制中起着纽带作用。

本章中，首先对交通运输业的概念、特点、重要性进行介绍，然后介绍现代交通运输体系，以及交通运输体系中各种交通运输方式的特点。通过本章的学习，希望能达到以下教学目标。

【知识目标】

1. 了解交通运输的概念、特点、作用。
2. 掌握交通运输体系的组成。
3. 熟悉铁路、公路、水路、航空、管道五种交通运输方式的特点。

【能力目标】

1. 能正确说出交通运输的重要性。
2. 能正确分析各种交通运输方式的优缺点。
3. 会正确选择交通运输方式。

1.1　交通运输与交通运输业

1.1.1　交通运输的基本概念

交通是运输和邮电的总称。运输是人和物借助交通工具的载运而产生的有目的的空间位移，邮电是邮政和电信的总称。

交通运输业简称运输业，又称交通运输服务业，指的是专门从事旅客和货物位移活动的特殊物质生产部门。

1.1.2　交通运输业的特点

1. 交通运输业是流通服务性行业

交通运输业属于国民经济的第三产业。它的根本任务是在不断提高生产技术、劳动生产率和经济效益的基础上，及时满足社会生产和人民生活日益增长的对运输的需求，为社会提供安全、及时、经济、方便、舒适的运输劳务，向消费者展示运输服务的形象。

目前，现代交通运输业正朝着高速化、大型化、专业化和网络化方向发展。

2. 交通运输业是一个特殊的物质生产部门

说交通运输业是一个特殊的物质生产部门，是因为与工业、农业等物质生产部门相比，交通运输业无论是生产力三素，还是产品及其生产过程，都有其自身的特点。了解这些特点，对发展交通有重要的现实意义。

1）生产三要素独特

生产力是人类改造自然、征服自然、获取物质生活资料的能力。生产力包括三个基本要素：劳动者、劳动资料和劳动对象，如图 1-1 所示。

劳动者是指具有一定生产经验和劳动技能而从事物质生产的人。劳动资料是指在劳动过程中用以改变和影响劳动对象的物质资料和物质手段。劳动对象是指劳动者在劳动过程中使用劳动工具所加工的一切对象。

在上述三要素中，劳动者是决定性的要素，因为劳动者是生产活动的主体，劳动资料是劳动者创造出来的。劳动资料和劳动对象结合起来，就构成生产资料，是生产力中物的因素。劳动者是生产力中人的因素。

在工农业生产过程中，都必须具备生产力的三要素。比如，在农业生产过程中，劳动者是农民，劳动对象是种子，劳动资料是各种农机具；在工业生产过程中，劳动者是工人，劳动对象是各种原材料，劳动资料是各种工业生产设备。

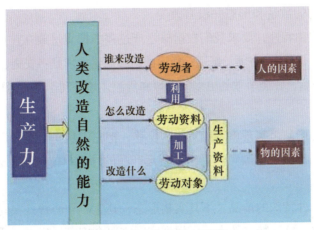

图1-1 生产力的三要素

但在交通运输业生产过程中，运输部门只掌握了生产力三要素中的两个要素：劳动者——运输作业人员，劳动资料——车辆、轨道线路、车站，但不掌握劳动对象——旅客或货物。这就要求运输业在生产过程中要积极争取劳动对象——旅客或货物，有效地研究劳动对象的有关信息，包括客货流向、流程、流量及其变化规律，妥善处理好与运输对象的关系，扩大自己对客源、货源的市场拥有量，实现自身的可持续发展。

2）生产过程独特

农业生产过程中，劳动对象是种子。播下种子，通过灌溉、施肥，在光合作用下，种子生根、发芽、开花、结果，其示意图如图1-2所示。

图1-2 农业生产过程示意图

工业生产过程中，输入的是原料，通过对原料施加物理、化学作用，使原料变成工业产品。可见，无论是工业生产过程，还是农业生产过程，其共同点都是改变劳动对象的属性或形态，生产出另一种产品。

在运输生产过程中，其劳动对象是货物或旅客。在运输过程中，货物或旅客这些劳动对象的属性或形态并不改变，只是改变其位置，即在运输生产过程中只是把旅客或货物从一个地方送到另一个地方。比如，起于我国重庆，经新疆阿拉山口到哈萨克斯坦、俄罗斯、白罗斯、波兰到德国杜伊斯堡的渝新欧国际铁路联运大通道，全程 11 179 km，用于在中国和欧洲之间进行货物运输。运输过程改变的只是货物的位置——从中国到了欧洲，或从欧洲到了中国，但货物的数量和形态并没有改变。

这种生产过程的独特性，要求我们在运输生产过程中把质量放在首位。客运的运输质量要求是：安全、及时、经济、方便、舒适；货运的运输质量要求是：安全、及时、经济、方便。只有不断提高服务质量，才能争取到更多的客源和货源，才有利于交通运输业自身的发展。

3）产品独特

交通运输的核心产品是实现旅客或货物的位移，把它们从一个地方送到另一个地方。这从货运和客运的产品计量单位就可以看出：货运产品的计量单位是 $t \cdot km$，客运产品的计量单位是人 $\cdot km$。

因此，位移是一种特殊的产品，不具实物形态，其生产和消费是在同一过程中完成的，不能调拨，不能存储。这一特点要求我们根据实际需要合理布局运力，适时组织生产，并使运力略大于运量。

3. 交通运输业是连接生产和消费的桥梁和纽带

在日常生活中，很难找到一件不经过运输就到消费者手中的物品，我们周围的每一个人也几乎都经过了多次运输，比如从家庭到学校，这段位移就是通过交通运输业完成的；再比如我们购买的衣服、食品、学习用具，都是通过交通运输业把它们从生产地运送到消费地的。可见，交通运输业确实起到了连接生产和消费的桥梁和纽带作用。

运输活动的广泛性和深入性，决定了它在社会经济生活中的重要地位。运输业的发展既依存于其他产业部门的发展，又对整个社会经济活动及其规模的扩大具有决定性的作用。一般来说，交通建设每投入1亿元的建设资金，就可产生3亿元的国内生产总值（GDP），可创造2 000个就业机会。

4. 交通运输业对综合经济水平有依赖性

交通运输业产品的特殊性，决定了运输对象不因运输而增多，但在运输过程中却要消耗大量的人力、物力和财力。社会综合经济水平越高，需要运输的旅客和货物就越多，交通运输业的劳动对象就越多，越有利于交通运输业的发展。

交通运输业的这个特性，要求我们及时了解运输需求，科学组织，以最小的运力为社会提供最优质、最全面的服务，同时加快基础设施建设，刺激运输消费，发展经济。

5. 交通运输业是微利行业

交通运输业产品的特殊性，决定了运输过程只消耗生产资料，而且消耗的生产资料主要是劳动资料，而不是劳动对象——旅客或货物。因此，其资金运作和成本构成不同于其他行业，是一个微利行业。

1.1.3 交通运输的作用

交通运输是经济发展的基本需要和先决条件，是现代社会的生存基础和文明标志，是社会经济的基础设施和重要纽带，是现代工业的先驱和国民经济的先行部门，是资源配置和宏观调控的重要工具，是影响国土开发、城市和经济布局形成的重要因素。因此，交通运输对促进社会分工、大工业发展和规模经济的形成，对于巩固国家的政治统一和加强国防建设，对于扩大国际经贸合作和人员往来，发挥着重要的作用。总之，交通运输具有重要的经济、社会意义。

1. 经济作用

① 运输促进了资源的开发和利用。

② 运输有利于开拓市场，不仅能创造出明显的空间效用，同时也具有明显的时间效用。

③ 运输业的发展有利于鼓励市场竞争并降低市场价格。

④ 运输业的发展有利于劳动的地区分工和市场专业化。

2. 社会作用

① 运输业的发展有效地支撑着国家的统一和有效的管理。

② 运输业的发展促进了人类文明的进步和国民素质的提高，人类文明的起源和进步与运输业的发展息息相关。

③ 运输业的发展壮大是国防力量增强的重要保障。

④ 运输业的发展促进了国际友好交往和经济文化交流。

考核评价

1. 自我评价

自我评价从 4 方面进行，每项 10 分，共计 40 分。自我评价表如表 1-1 所示。

表1-1 自我评价表

序号	评价内容（每项10分）	得分	亮点
1	课前知识查阅、调研作业完成情况		
2	课前、课中与人协作表现		
3	对交通运输业概念、特点及作用的掌握情况		
4	课前、课中学习态度表现		

2. 小组互评

5 个人一小组，小组内同学互评。小组互评从 3 方面进行，每项 10 分，共计 30 分。小组互评表如表 1-2 所示。

表1-2　小组互评表

序号	评价内容（每项10分）	得分	亮点
1	课中学习态度		
2	课中与人协作表现		
3	对交通运输业概念、特点及作用的掌握情况		

3.教师评价

教师评价从3方面进行，每项10分，共计30分。教师评价表如表1-3所示。

表1-3　教师评价表

序号	评价内容（每项10分）	得分	亮点
1	课前知识查阅、调研作业完成情况		
2	课中参与、与同学协作情况		
3	对交通运输业概念、特点及作用的掌握情况		

教师建议：

1.2　我国现代交通运输体系

交通运输业的生产过程是一个流动的、延伸的、多环节、多工种的联合作业过程。在我国的现代交通运输体系中，主要包括5种运输方式：铁路运输、公路运输、水路运输、航空运输和管道运输。这5种运输方式在技术上、经济上各有长短，都有适宜的使用范围。

1.2.1　铁路运输

铁路运输（railway transportation）是以铁路轨道为运输通道、以铁路列车为载运工具进行的客货运输，是当今最主要的陆上货物运输方式之一，如图1-3所示。

图1-3　铁路运输

铁路运输主要适用于大批量货物的中、远程运输，容易死亡、变质的鲜活、易腐货物的中、远程运输，以及要求准时到达的远程客货运输。

1. 铁路运输的优点

① 运输能力大，适合大批量货物的长距离运输。

② 运输速度较快。

③ 运输成本较低。与路面其他运输方式运载同一重量客货物相比，铁路运输可节省50%~70% 的能量。

④ 受气候和自然条件影响小，通用性、连续性好。与其他运输方式相比，铁路运输在准时性方面具有较强的优势。

⑤ 可以方便地实现集装箱运输及多式联运。

2. 铁路运输的缺点

① 按列车组织运输，在运输过程中需要有列车的编组、解体和中转改编等作业环节，占用时间较长，因而增加了货物的运输时间。

② 货损率比较高。

③ 一般不能实现"门到门"运输，需要与其他运输方式配合才能完成运输任务。

④ 投资较大，固定成本较高，建设周期较长，占用土地较多。

1.2.2 公路运输

公路运输（highway transportation）是以各种等级公路和城市道路为运输通道，以汽车为主要载运工具进行的运输，如图 1-4 所示。

图1-4 公路运输

公路运输主要适用于小批量货物的短途运输，容易死亡、变质的鲜活和易腐货物的短途运输，以及短途客运。

1. 公路运输的优点

① **灵活、方便、运输速度快** 在中、短途运输中，公路运输可以实现"门到门"直达运输，

不需要倒运、转乘就可以直接将客货运达目的地。因此，与其他运输方式相比，其客货物在途时间较短，运送速度较快。

② **原始投资少，经济效益高**　有关资料表明，在正常经营情况下，公路运输的投资每年可周转 1~3 次，而铁路运输则需要 3~4 年才能周转一次。

③ **驾驶技术容易掌握**　与火车司机或飞机驾驶员相比，汽车驾驶技术比较容易掌握，对驾驶员的各方面素质要求相对也比较低。

2. 公路运输的缺点

① **单位运输成本较高，运行的连续性较差**　由于汽车载重量小，行驶阻力比铁路大 9~14 倍，所消耗的燃料又是价格较高的液体汽油或柴油。因此，除了航空运输，就数汽车运输成本最高了。此外，在各种现代运输方式中，公路的平均运距是最短的，运行持续性较差。

② **油耗大，环境污染厉害**　汽车所排出的尾气和引起的噪声也严重地威胁着人类的健康，是大城市环境污染的最大污染源之一。

③ **运量较小**　世界上最大的汽车是美国通用汽车公司生产的矿用自卸车，长 20 多 m，自重 610 t，载重 350 t，但仍比火车、轮船小得多。

④ **安全性差**　据历史记载，自汽车诞生以来，已经吞掉数千万人的生命，特别是 20 世纪 90 年代以来，死于汽车交通事故的人数急剧增加，平均每年达 50 多万。这个数字超过了艾滋病、战争和结核病人每年的死亡人数。

1.2.3　水路运输

水路运输（waterway transportation）是以水上航道为运输通道，以船舶为主要载运工具，以港口或港站为运输基地，以水域包括海洋、河流和湖泊为运输范围的一种运输方式，如图 1-5 所示。

图1-5　水路运输

在5种运输方式中，水路运输兴起最早，历史最长，而且至今仍是世界上许多国家最重要的运输方式之一。根据航行水运性质不同，水路运输分海运和河运两种，它们分别以海洋和河流作为交通线。水路运输主要适用于大宗、笨重、远程、不急需的货物运输，以及没有陆地运输方式可选的客货运输、比较方便的水路客运。

1. 水路运输的优点

① **投资少**　水路运输利用海洋或天然河道，几乎不需要太大投资。

② **载运量大，航道通过能力强，发展潜力大**　我国的货运总量中，水路运输所占的比重仅次于铁路运输和公路运输。

③ **运输成本低，节省能源。**

2. 水路运输的缺点

① 船舶平均航行速度较低。

② 水运生产过程受自然条件影响较大，呈现较大的波动性和不平衡性。

③ 直达性差，一般需要与其他运输方式配合才能完成全过程运输。

知识链接

水路运输有着悠久的历史。人类还在石器时代时，就以木作舟在水上航行，后来才有了独木舟和船。

中国是世界上水路运输发展较早的国家之一。公元前2500年已经制造舟楫，商代就有了帆船。公元前500年前后，中国开始人工凿运河，公元前214年就在广西壮族自治区建成了连接长江和珠江两大水系的灵渠。京杭大运河则沟通了钱塘江、长江、淮河、黄河和海河五大水系。唐代对外运输丝绸及其他货物的船舶直达波斯湾和红海之滨，全长1.4万km，途经100多个国家和地区，其航线被誉为海上丝绸之路。明代航海家郑和率领巨大船队七下西洋，历经亚洲、非洲30多个国家和地区。

中国水路运输发展很快，目前中国的商船已航行于世界100多个国家和地区的400多个港口。在相当长的历史时期内，中国水路运输对经济、文化发展和对外贸易交流将起着十分重要的作用。

1.2.4 航空运输

航空输运（air transportation）是在具有航空线路和飞机场的条件下，以航线为运输通道，以飞机及其他航空器为载运工具，运送人员、货物、邮件的一种运输方式，如图 1-6 所示。

图1-6 航空运输

航空运输具有快速、机动的特点，是现代旅客运输，尤其是远程旅客运输的重要方式，还适用于在国际贸易中运输贵重物品、鲜活货物和精密仪器。

在我国运输业中，航空运输的货运量占全国运输量比重比较小，主要是承担长途客运任务，伴随着物流业的快速发展，航空运输在货运方面也将会扮演重要角色。

1. 航空运输的优点

① **速度快** 飞机是最快捷的交通工具，常见的喷气式飞机的经济巡航速度为 850~900 km/h。

② **舒适性好** 除了起飞和降落两个阶段，飞机通常在大气的平流层飞行，非常平稳。

③ **安全性高** 据统计，1997 年世界各航空公司共执行航班 1 800 万架次，仅发生严重事故 11 起，风险率约为三百万分之一。

④ **时效性强** 飞机的快速特性，决定了它的强时效性，因而比较适合运送鲜活、季节性商品。

2. 航空运输的缺点

① **成本、运价高** 与其他运输方式相比，航空货运的运输费用较高，不适合运输低价值货物。

② **受气候条件限制** 航空运输需要在空中进行，遇到雷雨、大风等恶劣天气，则无法起航。

③ **可达性差** 航空运输只能把客货物从一个机场运送到另一个机场，通常机场设在远离市区的地方，与其他运输方式相比，可达性差。

1.2.5 管道运输

管道运输（pipeline transportation）是用管道作为运输工具的一种长距离输送液体和气体物资的运输方式，主要用于由生产地向市场输送石油、煤、天然气和化学产品，是现代交通运输体系中干线运输的特殊组成部分，如图 1–7 所示。目前中国已建成大庆至秦皇岛、胜利油田至南京等多条原油管道运输线。

图1–7 管道运输

1. 管道运输的优点

① **运量大** 一条输油管线可以源源不断地完成输送任务。根据其管径的大小不同，每年的运输量可达数百万 t 到几千万 t，甚至超过亿 t。

② **占地少** 运输系统的建设实践证明，运输管道埋藏于地下的部分占管道总长度的 95% 以上，因而对于土地的永久性占用很少，分别仅为公路的 3%、铁路的 10%。

③ **建设周期短、费用低** 管道运输系统的建设周期与相同运量的铁路运输系统相比，要短 1/3 以上。例如，中国建设大庆至秦皇岛全长 1 152 km 的输油管道，仅用了 23 个月，而若要建设一条同样运量的铁路，至少需要 3 年时间。图 1–8 为庆祝该管道工程竣工而发布的纪念邮票。

图1-8　纪念邮票

④ **安全可靠，连续性强**　由于管道基本埋藏于地下，其运输过程受恶劣多变的气候条件影响小，可以确保运输系统长期稳定地运行，而且石油、天然气在地下管道中也不易挥发，安全性高。

⑤ **耗能少，成本低，效益好**　发达国家采用管道运输石油，每 t·km 的能耗不足铁路的 1/7，在大量运输时的运输成本与水路运输接近，因此在无水条件下，采用管道运输是一种最为节能的运输方式。

2. 管道运输的缺点

① 不如其他运输方式灵活。
② 承担的货物比较单一。
③ 不容易随便扩展管线。

1.2.6　各种运输方式的比较

交通运输业内部各种运输方式具有可替代性，竞争较为激烈，但它们的技术经济特性不同，在完成同样的运输任务时，其投入和效益也有较大的区别：

① 航空运输是点到点的运输；
② 铁路运输是线上的运输；
③ 公路运输是面上的运输，具有点多、线长、面广、灵活、机动、流动、分散的特点。
因此，交通运输业既要鼓励竞争，又要防止无序竞争，做到扬长避短，分工合作，协调发展，在具体选择某一种或某几种交通运输方式时，要根据货物的性质、数量、价格、运送距离和时效进行综合分析。同时，也要求交通运输企业在管理体制、生产组织、经营观念，特别是选用专业技术人才方面，都要适应运输业的生产特性。

考核评价

1. 自我评价

自我评价从 4 方面进行，每项 10 分，共计 40 分。自我评价表如表 1–4 所示。

表1–4　自我评价表

序号	评价内容（每项 10 分）	得分	亮点
1	课前知识查阅、调研作业完成情况		
2	课前、课中与人协作表现		
3	对我国现代交通运输体系的知识点掌握情况		
4	课前、课中学习态度表现		

2. 小组互评

5 个人一小组，小组内同学互评。小组互评从 3 方面进行，每项 10 分，共计 30 分。小组互评表如表 1–5 所示。

表1–5　小组互评表

序号	评价内容（每项 10 分）	得分	亮点
1	课中学习态度		
2	课中与人协作表现		
3	对我国现代交通运输体系中各运输方式特点的掌握情况		

3. 教师评价

教师评价从 3 方面进行，每项 10 分，共计 30 分。教师评价表如表 1–6 所示。

表1–6　教师评价表

序号	评价内容（每项 10 分）	得分	亮点
1	课前知识查阅、调研作业完成情况		
2	课中参与、与同学协作情况		
3	对我国现代交通运输体系中各运输方式特点的掌握情况		

教师建议：

第2章

认识轨道交通系统

由传统火车和标准铁路组成的铁路系统是最典型的轨道交通系统。过去所说的轨道交通，一般指的就是铁路交通。随着火车和铁路技术的多元化发展，轨道交通呈现出越来越多的类型，不仅遍布于长距离的陆地运输，也广泛运用于中、短距离的城际公共交通、城市公共交通中，如用于解决城市拥堵问题的城市轨道交通系统、用于连接相邻城市进行快速客运的城际铁路系统。

本章中，首先介绍轨道交通系统的概念、分类，然后介绍轨道交通系统的组成，最后介绍各种轨道交通系统的特点、发展历程。通过本章的学习，希望能达到以下教学目标。

【知识目标】

1. 了解轨道交通系统的概念、分类。
2. 了解城市轨道交通的特点、发展历程。
3. 了解电气化铁路的特点和发展历程。

【能力目标】

1. 能正确说出轨道交通系统的概念和分类。
2. 熟记城市轨道交通系统的特点和发展历程。
3. 了解电气化铁路的特点和发展历程。

2.1 认识轨道交通

2.1.1 轨道交通的概念

轨道交通是指运营车辆需要在特定轨道上行驶的一类交通工具或运输系统，其示意图如图 2-1 所示。

图2-1 轨道交通示意图

从这个概念可以看出，轨道交通区别于其他交通运输方式的典型特点如下：

① 拥有固定的轨道；

② 运营车辆沿轨道行驶。

目前，我国轨道交通的轨道主要是平行的双轨道系统，也有线路上只有单个轨道的单轨系统，图 2-1 中所示的是双轨道系统。

2.1.2 轨道交通的分类

轨道交通有专用线路，因此普遍具有运量大、速度快、班次密、安全舒适、准点率高、全天候、运费低和节能环保等优点。

根据服务范围的不同，轨道交通一般分为铁路交通、城际轨道交通和城市轨道交通三大类，而铁路交通又分为传统铁路和高速铁路两种。轨道交通的分类如图 2-2 所示。

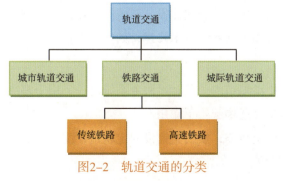

图2-2 轨道交通的分类

1. 铁路交通

铁路交通是指各种由火车、铁路、车站和调度系统（包括调度设备和调度人员）共同组成的路面交通运输系统。

传统铁路是铁路交通的主体，铁路交通中还包括高速铁路等新型轨道交通。图2-3是京沪高速铁路。

图2-3　京沪高速铁路

2. 城际轨道交通

城际轨道交通是指连接相邻城市的客运铁路系统，用于在城市之间快速输运旅客。城际轨道交通属于城际铁路范畴，是国家铁路中支线路网的组成部分，它的正确名字应该是城际铁路。图 2-4 是京津城际铁路。

图2-4　京津城际铁路

大多数城际轨道交通采用国铁制式建设，即城际铁路，如广珠城轨、莞惠城轨等。也有部分城际轨道交通线路采用地铁系统技术修建，如广佛地铁。

3. 城市轨道交通

城市轨道交通是大中型城市的公共客运服务系统之一，用于解决城市公共交通的拥堵问题，通常在城市公共客运交通中起骨干作用。

城市轨道交通具有固定线路，沿线路铺设固定轨道，配备运输车辆及车站等服务设施。图 2- 5 是北京地铁 13 号线。

图2-5　北京地铁13号线

考核评价

1. 自我评价

自我评价从 4 方面进行，每项 10 分，共计 40 分。自我评价表如表 2-1 所示。

表2-1　自我评价表

序号	评价内容（每项10分）	得分	亮点
1	课前知识查阅、调研作业完成情况		
2	课前、课中与人协作表现		
3	对轨道交通概念、分类的掌握情况		
4	课前、课中学习态度表现		

2. 小组互评

5 个人一小组，小组内同学互评。小组互评从 3 方面进行，每项 10 分，共计 30 分。小组互评表如表 2-2 所示。

表2-2　小组互评表

序号	评价内容（每项10分）	得分	亮点
1	课中学习态度		
2	课中与人协作表现		
3	对轨道交通概念、各类轨道交通特点的掌握情况		

3. 教师评价

教师评价从 3 方面进行，每项 10 分，共计 30 分。教师评价表如表 2-3 所示。

表2-3　教师评价表

序号	评价内容（每项10分）	得分	亮点
1	课前知识查阅、调研作业完成情况		
2	课中参与、与同学协作情况		
3	对轨道交通概念、各类轨道交通特点的掌握情况		

教师建议：

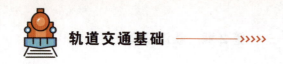

2.2 铁路系统

2.2.1 铁路的定义

《辞海》对于铁路的解释：铁路是使用机车牵引车辆组成列车（或以自身有动力装置的车辆），循规行驶的交通线路。由此可知，在铁路上运行的列车分为两种，一种是火车，另一种是动车组列车。

1. 火车

火车由机车和车辆两部分组成，机车牵引车辆沿轨道运行，如图 2-6 所示。

图2-6　火车

1）机车

机车俗称火车头，其作用是提供火车前行的动力，牵引或推送车辆运行，通常不用于装载货物或载客。

2）车辆

车辆就是火车头后面的车厢，用于载客或装运货物。

2. 动车组列车

1）动车

动车是不同于火车的另一种轨道车辆，它不但自带动力，而且还可以乘载运营载荷。最早的动车于 1906 年出现在美国。该车通过汽油提供动力，车内设 91 个座席，还有行李间。

2）动车组

动车组是把至少两节带动力的动车和若干节不带动力的拖车按照预定的参数组合在一起形成的铁路列车。动车组一般固定编组，两端配司机室，配备现代化的服务设施。图 2-7 为动车组列车。

图2-7　动车组列车

目前，我国的动车、高铁、城际铁路和城市轨道交通普遍采用的是动车组列车：

① 在普通铁路上行驶的动车组叫动车，车票以 D 打头，其最高时速约为 200 km；

② 在高速铁路上行驶的动车组为高铁，车票以 G 打头，其最高时速在 350 km 以上；

③ 城际铁路上行驶的列车通常也为动车组，车票以 C 打头，其时速大多不超过 200 km；

④ 在城市轨道交通线路上行驶的动车组，其时速一般不超过 100 km。

铁路系统包括很多元素，如车辆、轨道、车站、通信、信号，以及相关的管理制度和操作人员等，各元组相辅相成，共同保证铁路运输的顺利进行。

2.2.2　铁路的分类

随着技术进步，铁路列车历经蒸汽机车、内燃机车、电力机车、动车组四个发展阶段。其中：

① 蒸汽机车以蒸汽为动力来源；

② 内燃机车以柴油为动力来源；

③ 电力机车、动车组、高铁以电力为动力来源，其中亦有少量以柴油为燃料的内燃动车组。

根据列车的动力来源是否为电力，铁路分为普通铁路和电气化铁路两大类。

1. 普通铁路

普通铁路是指以蒸汽机车、内燃机车牵引多节车辆运行的铁路。目前，我国普通铁路上机车车辆最高时速可达 160 km。

蒸汽机车是最早出现的机车，目前普通铁路上使用的机车基本上都是以柴油为燃料的内燃机车，图 2-8 是目前普通铁路上使用最广泛的柴油机车车型之一——HX_N5 型内燃机车。

軌道交通基础

图2-8　HXₙ5型内燃机车

普通铁路的优点是：

① 建造成本低；

② 能连挂多节车厢；

③ 具有电力机车不可替代的优势：不需要外部能源，在电力资源不充足或因地质灾害导致电力不可用时，必须使用非电力机车牵引列车运行。

2. 电气化铁路

电气化铁路是指能供电力机车和电力动车组运行的铁路，其动力来源是电能。

因为在电气化铁路上行驶的列车自身不带能源，所以需要在铁路沿线配套相应的电气化设备，为列车提供电力保障。电气化铁路上方的接触网就是给列车提供电力的输电线，如图2-9所示。这是电气化铁路与普通铁路的最根本区别。

图2-9　电气化铁路的接触网

与内燃机车和内燃动车相比,在相同或相近的持续牵引力下,电力机车和电力动车组的持续速度要高出一倍以上;牵引相同重量的列车时,电力机车、电力动车组可以比内燃机车、内燃动车组实现更高的运营速度。电气化铁路的这种快跑、多拉的特性能更充分地满足铁路运输的需要,因而成为现代化铁路的主流类型。

　　目前电气化铁路广泛用于高速铁路系统、城际轨道交通系统和城市轨道交通系统。

2.2.3　我国的铁路

1. 我国的早期铁路

1）中国第一条小铁路

　　1865 年,英国商人杜兰德在北京宣武门外沿着护城河修建了一条 500 m 长"展览铁路",这是中国最早的一条铁路。不久,清政府以"观者骇怪"为由,勒令把它拆掉。严格地说,这还不能算作实质意义上的铁路。

2）中国第一条营业铁路

　　1876 年,上海怡和洋行英商在未征得清政府同意的情况下,采取欺骗手段在上海擅自修建了吴淞铁路(从吴淞到上海,如图 2-10 所示),于 1876 年 7 月建成通车,全长 14.5 km,经营了一年多时间,这是中国最早办理客货运输业务的铁路。后来清政府用 28.5 万两白银将其赎回,之后该铁路被拆除。

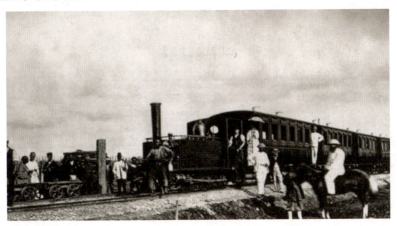

图2-10　吴淞铁路

3）中国人自己修筑的第一条铁路

　　1881 年 6 月 9 日,中国人成功修筑了自己的第一条铁路——唐山至胥各庄的唐胥铁路(如图 2-11)。唐胥铁路全长 11 km,共耗白银 11 万两。由于这段铁路用骡马牵引货车,所以被世人称为"马车铁路"。唐胥铁路是真正加以实际应用且成功保存下来的我国第一条铁路,从此揭开了中国自主修建铁路的序幕。

图2-11 唐胥铁路

4）中国自主设计并建造的第一条铁路

京张铁路（如图 2-12 所示）是我国杰出的铁路工程师詹天佑主持并胜利建成的连接北京和张家口的一条铁路，由中国人自行筹资、勘测、设计、施工建造。由于该铁路多处于崇山峻岭之中，尤其八达岭一段尽是悬崖峭壁，为克服地形与展线的困难，詹天佑设计了"人"字形路线，既使沿途线路坡度降低，又避免过多地开挖隧道。

图2-12 京张铁路

京张铁路于 1909 年 8 月 11 日建成，10 月 2 日通车，施工时间比原计划缩短了两年，建造成本也比原来预算的 700 万两白银节省了 200 万两。京张铁路的建成，不仅为詹天佑在世界上赢得了声誉，更为整个中国铁路工程技术界在世界上赢得了地位。

2. 1949 年后我国铁路的发展历程

新中国成立前，由于帝国主义在国内争夺路权，导致我国铁路发展缓慢。新中国成立后，我国的铁路发展经历了以下几个阶段。

1）新中国成立，抢修和恢复铁路运输生产时期（1949—1952 年）

1949 年 10 月 1 日，中华人民共和国成立。1949 年一年共抢修恢复了 8 278 km 铁路。到 1949 年年底，全国铁路营业里程共达 21 810 km。

1952 年 6 月 18 日，满洲里至广州间开行了第一列直达列车，全程 4 600 多 km。到 1952 年年底，全国铁路营业里程增加到 22 876 km。

2）中国铁路网骨架基本形成时期（1953—1980 年）

从 1953 年开始，国家进入有计划地发展国民经济时期。到 1980 年年底，铁路经过了 5 个五年计划的建设，全国铁路营业里程达 49 940 km，铁路网骨架基本形成。

3）贯彻改革开放政策，中国铁路步入新的发展时期（1981—2002 年）

十一届三中全会以后，国民经济进入了新的发展时期，1982 年时铁路运输已成为制约国民经济发展的一个重要原因，随后国家提出"北战大秦，南攻衡广，中取华东"的战略，经过 20 年的发展，截至 2002 年年底，全国铁路营业里程达 7.19 万 km。

4）跨越式发展新时期（2003 年至今）

2003 年，铁道部提出了"推动我国铁路跨越式发展"的总战略。从此，中国铁路进入了跨越式发展的新时代。《中长期铁路网规划》是这个时期指导我国铁路发展的纲领性文件。

2005 年 1 月，国务院常务会议讨论并原则通过了《中长期铁路网规划》，明确了我国铁路网中长期建设目标：到 2020 年，主要繁忙干线实现客货分线，复线率和电气化率分别达到 50%，运输能力满足社会发展需要。在经济发达的人口稠密地区发展城际轨道快速客运系统，以新建 1.2 万 km 的铁路客运专线（其中时速 250 km 以上的线路为高速铁路）和城际轨道客运系统、2 万 km 提速铁路为基础，形成以"四纵四横"快速客运通道和环渤海地区、长江三角洲地区、珠江三角洲地区 3 个城际快速客运系统为骨架、覆盖全国 50 万以上人口城市的铁路快速客运系统，届时全国铁路营业里程将达到 12 万 km，形成功能完善、点线协调的客货运输网络。同时，主要技术装备达到或接近国际先进水平。

2008 年，国务院对《中长期铁路网规划》进行第一次修订，规划目标如下：到 2020 年，形成"四纵四横"城际客运网，全国铁路营业里程达到 12 万 km 以上，建设高铁 1.6 万 km 以上。事实上，至 2015 年年底，我国铁路营业里程就已经达到 12.1 万 km，"四纵四横"客运专线网也已基本建成，高速铁路网营业里程达到 1.9 万 km，提前 5 年实现了中长期铁路网 2020 年目标。

2016 年，国务院对《中长期铁路网规划》进行了第 2 次修订，提出了八纵八横的中国高速铁路短期发展目标：到 2020 年，铁路网规模达到 15 万 km，其中高速铁路 3 万 km，覆盖 80% 以上的大城市。到 2025 年，铁路网规模达到 17.5 万 km 左右，其中高速铁路 3.8 万 km 左右。到 2030 年，基本实现内外互联互通、区际多路畅通、省会高铁连通、地市快速通达、县域基本覆盖。

（1）"八纵"通道包括沿海通道、京沪通道、京港（台）通道、京哈—京港澳通道、呼南通道、京昆通道、包（银）海通道、兰（西）广通道。

（2）"八横"通道包括绥满通道、京兰通道、青银通道、陆桥通道、沿江通道、沪昆通道、厦渝通道、广昆通道。

考核评价

1. 自我评价

自我评价从 4 方面进行，每项 10 分，共计 40 分。自我评价表如表 2-4 所示。

表2-4　自我评价表

序号	评价内容（每项10分）	得分	亮点
1	课前知识查阅、调研作业完成情况		
2	课前、课中与人协作表现		
3	对铁路的分类、我国铁路的发展历史及近期规划的掌握情况		
4	课前、课中学习态度表现		

2. 小组互评

5 个人一小组，小组内同学互评。小组互评从 3 方面进行，每项 10 分，共计 30 分。小组互评表如表 2-5 所示。

表2-5　小组互评表

序号	评价内容（每项10分）	得分	亮点
1	课中学习态度		
2	课中与人协作表现		
3	对铁路的分类、我国铁路的发展历史及近期规划的掌握情况		

3. 教师评价

教师评价从 3 方面进行，每项 10 分，共计 30 分。教师评价表如表 2-6 所示。

表2-6　教师评价表

序号	评价内容（每项10分）	得分	亮点
1	课前知识查阅、调研作业完成情况		
2	课中参与、与同学协作情况		
3	对铁路的分类、我国铁路的发展历史及近期规划的掌握情况		

教师建议：

2.3　城市轨道交通系统

2.3.1　城市轨道交通的定义

　　我国国家标准《城市公共交通常用名词术语》将城市轨道交通定义为："通常以电能为动力，采取轮轨运输方式的快速大运量公共交通的总称。"在城市中，车辆或列车在固定轨道上运行，并主要用于城市客运的交通系统，均称为城市轨道交通。图 2-13 是城市轨道交通运营现场的照片。

图2-13　城市轨道交通运营现场照片

2.3.2　城市轨道交通的特点

　　与其他城市客运交通方式相比，城市轨道交通具有无可比拟的优势，主要体现在：

① 运能大；

② 速度快；

③ 能耗低；

④ 污染少；

⑤ 可靠性高；

⑥ 舒适性好；

⑦ 占地面积少。

　　虽然城市轨道交通有许多优点，但在具体的发展过程中还存在建设投资巨大、线路建成后不易调整、运营成本高、经济效益有限等局限性。

2.3.3 城市轨道交通的分类

城市轨道交通种类繁多，根据《城市公共交通分类标准》（GJJ/T 114—2007），分为地铁系统、轻轨系统、单轨系统、有轨电车、磁浮系统、自动导向轨道系统、市域快速轨道系统。

1. 地铁系统

地铁系统，又称为地下铁道，其原始含义是修建在地下隧道中的铁路。随着地铁系统的发展，其线路布置不再局限于地下隧道中，而是根据需要也可以布置在地面，或采用高架的方式修建，但城区内的线路还是以地下为主。地铁系统如图 2-14 所示。

图2-14　地铁系统

地铁系统是一种大运量的轨道运输系统，单向高峰小时最大断面客流量为 3 万 ~7 万人次。一般情况下，线路实行全封闭，可实现信号控制的自动化，适用于客运量较大的城市中心区域。

2. 轻轨系统

轻轨的原始含义是指车辆运行的线路所使用的钢轨比重型地铁所使用的钢轨轻。由于轻轨系统的钢轨较轻，其整体的技术标准也低于地铁系统，因而轻轨系统的运输能力也远远小于地铁系统，早期的轻轨系统一般是直接对旧式有轨电车系统改建而成。在 20 世纪 70 年代后期，一些国家开始修建全新的现代轻轨系统，使得轻轨系统的行车速度、舒适程度得到了很大的改善，噪声也随之降低。

轻轨系统如图 2-15 所示，是一种中运量的轨道运输系统，单向高峰小时最大断面客流量为 1 万 ~3 万人次。轻轨系统主要在城市地面或高架桥上运行，线路采用地面专用轨道或高架轨道，遇繁华街区，也可进入地下或与地铁系统接轨。轻轨系统主要用于连接市区与郊区，构成市区与重点郊区的大运能通道。

图2-15　轻轨系统

3. 单轨系统

单轨系统是车辆或列车在单一轨道梁上运行的城市客运交通系统。单轨系统的线路通常采用高架结构，车辆则大多采用橡胶轮胎。从构造形式上分，单轨系统可分为跨座式单轨与悬挂式单轨两种，跨座式单轨是列车跨座在轨道梁上运行的形式，而悬挂式单轨则是列车悬挂在轨道梁下运行的形式。单轨系统如图 2-16 所示。

（a）跨座式单轨　　　　　　　　　（b）悬挂式单轨

图2-16　单轨系统

单轨系统是一种中运量的轨道运输系统，适用于单向高峰小时最大断面客流量 1 万 ~3 万人次的交通走廊，具有占地面积少、与其他交通方式完全隔离、运行安全可靠、建设适应性较强等优点，主要使用范围如下：

①城市道路高差较大、曲线半径小、线路地形条件较差的地区；

②旧城改造已基本完成，而该地区的城市道路又比较窄；

③大量客流集散点的接驳线路；

④市郊居民与市区之间的联络线；

⑤旅游区域内景点之间的联络线、旅游观光线等。

我国重庆现已开通的城市轨道交通线路采用的就是跨座式单轨系统，如图 2-17 所示。

图2-17 重庆单轨系统

4. 有轨电车

有轨电车是使用电车牵引、轻轨导向、1~3辆编组运行在城市路面线路上的轨道交通系统。有轨电车的轨道主要铺设在城市道路路面上，车辆与其他地面交通混合运行，根据街道条件，又可分为以下三种情况：

① 混合车道；

② 半封闭专用车道（在道路平交道口处，采用优先通行信号）；

③ 全封闭专用通道（在道路平交道口处，采用立体交叉方式通过）。

图2-18为大连的老式有轨电车。

图2-18 大连的老式有轨电车

有轨电车是一种低运量的城市轨道交通系统，单向高峰小时最大断面客流量一般在1万人次以下。由于与其他车辆混合运行，运行速度较慢，一般为10~20 km/h。

5. 磁浮系统

磁浮系统起源于人们对速度的追求，轮轨极限速度一般认为是300~380 km/h，要想超越这一速度运行，必须采取不依赖于轮轨的新式运输系统。1922 年，德国人提出了磁浮原理，并于 1934 年申请了磁浮列车的专利——"通过磁场达到悬浮并沿铁路轨道行驶的无轮车辆组成的悬浮列车"。磁浮列车实际上是依靠电磁吸力或斥力将列车悬浮于空中，它的速度可达到 500 km/h 以上，是当今世界上最快的地面客运交通工具，有速度快、爬坡能力强、能耗低的优点，如图 2-19 所示。

图2-19　磁浮系统

目前，磁浮系统主要有两种基本类型，一种是高速磁浮系统，其最高运行时速可达 500 km，通常用于站间距离不小于 30 km 的远程客运交通。另一种是中低速磁浮系统，其最高运行时速为 100 km，通常用于城市区域内站间距大于 1 km 的中、短程客运交通线路。图 2-20 为北京的中低速磁浮系统 S1 线，线路全长 10.2 km，沿线共设 8 座车站，列车设计最高时速 100 km。

图2-20　北京中低速磁浮系统S1线

磁浮系统是一种中等运量的轨道运输系统，适用于单向高峰小时最大断面客流量在 1.5 万 ~3 万人次的交通走廊。磁浮系统列车主要在高架桥上运行，特殊地段也可在地面或地下隧道中运行。

6. 自动导向轨道系统

自动导向轨道系统是一种车辆采用橡胶轮胎在专用轨道上运行的系统，如图 2-21 所示。

图2-21 自动导向轨道系统

自动导向轨道系统是一种中运量旅客运输系统，由于其列车沿着特制的导向装置行驶，列车运行和车站采用计算机控制，可实现全自动无人驾驶，乘客可以在无人驾驶的驾驶室观看风景，因此适用于城市机场线或城市中客流相对集中的点对点运营线路，必要时中间可设少量停靠站。图 2-22 是北京国际机场的摆渡车，这条线路属于自动导向轨道系统。

图2-22 北京国际机场的摆渡车

7. 市域快速轨道系统

市域快速轨道系统是一种大运量的轨道运输系统，日客运量可达 20 万 ~45 万人次。市域快速轨道系统的列车，主要在地面或高架桥上运行，必要时也可在隧道内运行。由于线路长、站间距大，可选用运行时速在 120 km 以上的快速专用列车，如图 2-23 所示。

图2-23　市域快速轨道系统

2.3.4　城市轨道交通的发展历程

1. 世界城市轨道交通的发展历程

纵观世界城市轨道交通发展历史，大致可分为 4 大阶段。

1）第一阶段（1863—1924 年）——初步发展阶段

1863 年 1 月 10 日，世界上第一条地铁——"伦敦大都会铁路"在伦敦建成通车，列车用蒸汽机车牵引，线路全长约 6.4 km，如图 2-24 所示。该地铁线路的通车，标志着世界城市轨道交通的诞生。

图2-24　世界第一条地下铁路

早期的地铁由蒸汽机车牵引，为了把烟雾排出去，车站没有顶棚，虽然当时的地铁设施简陋，而且污染严重，但却受到了广大市民的普遍欢迎。

从第一条地铁诞生起，欧美的城市轨道交通发展较快，第二次世界大战前，有 13 个城市修建了地铁。这一阶段开通的主要地铁如下：

① 1881 年，德国西门子公司在柏林近郊铺设了第一条电车轨道；

② 1890 年，伦敦建成一条用电力机车牵引的地铁线路，从此城市轨道交通进入电气化时代；

③ 1892 年芝加哥建成世界上第二条蒸汽机车牵引的地铁，1895 年该市建成世界上第二

条电气化地铁；

④ 1896 年，匈牙利布达佩斯修建了电气化地铁；

⑤ 1904 年，美国纽约地铁巴尔蒙线开通，被誉为"纽约地铁之父"，如图 2-27 所示，美国纽约成为美洲最早建立地铁系统的城市；

⑥ 1913 年，阿根廷的布宜诺斯艾利斯建成地铁系统，成为南美洲最早建立地铁系统的城市。

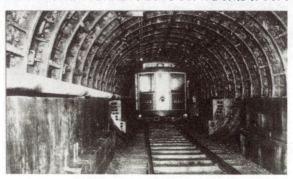

图2-27　美国纽约地铁巴尔蒙线

2）第二阶段（1924—1949 年）——停滞萎缩阶段

这一阶段，一方面是由于汽车工业的发展和世界大战的爆发，另一方面是由于城市轨道交通的投资大、建设周期长等原因，城市轨道交通的发展呈现停滞，甚至萎缩的局面。特别是在地面行驶的有轨电车系统，在这个时期被大量拆除并被汽车取代。

这一时期，仍然有个别国家修建了城市轨道交通系统：

① 1926 年，澳大利亚悉尼开通了隧道电车；

② 1927 年，日本东京开通了浅草—涩谷的地铁，成为亚洲最早拥有地铁的城市；

③ 1935 年，莫斯科第一条地铁线路通车运营。

3）第三阶段（1949—1969 年）——再发展阶段

这一阶段由于汽车的过度增加，造成道路交通速度下降，甚至趋于瘫痪，加上不断增大的石油资源消耗、空气和噪声污染，人们又把解决城市交通问题的注意力放在了轨道交通上，许多城市又开始兴建城市轨道交通。

在这一阶段，一些新型的城市轨道交通形式相继出现：

① 1959 年，美国第兹尼兰德跨座式轻轨开始运营；

② 1961 年，单轨铁路在意大利世界博览会上开始运营。

此后，苏联的列宁格勒（今圣彼得堡）、基辅、巴库、第比利斯，加拿大的多伦多、蒙特利尔，意大利的罗马、米兰，美国的克利夫兰，瑞典的斯德哥尔摩，日本的名古屋，挪威的奥斯陆，葡萄牙的里斯本，德国的法兰克福，荷兰的鹿特丹，墨西哥的墨西哥城，中国的北京先后开通了地铁。其中，俄罗斯的地铁以漂亮而闻名，其车站被誉为美丽的地下宫殿，图 2-26 中，左图是圣彼得堡的一个车站，右图是莫斯科的一个车站。

图2-26 漂亮的俄罗斯地铁车站

4）高速发展阶段（1969年至今）

伴随着世界城市化进程的加快，人们对城市交通的要求越来越高，各国政府投入大量的人力、物力和财力来建设城市轨道交通。同时，轨道交通技术的不断发展，为新型城市轨道交通提供了有力支持。

在这个时期，出现了许多新型城市轨道交通运输方式：

① 1981年，日本建成了自动导向轨道系统，即神户新交通系统；

② 1983年，法国建成现代化的有轨电车系统，它是世界上第一条无人驾驶的全自动城市轨道交通系统；

③ 1984年，英国在伯明翰建成低速磁浮系统并投入使用。

根据2005年日本地下铁道协会的统计，全世界有142个城市拥有城市轨道交通系统。其中112个城市拥有8 227 km的地铁线路，共有地铁车辆64 587辆，其中90%以上线路均在20世纪90年代以前建成。排名前10位的城市依次是：巴黎、纽约、伦敦、首尔、莫斯科、东京、芝加哥、柏林、波士顿、旧金山，其中巴黎、纽约、伦敦的运营里程均在400 km以上。

2. 我国城市轨道交通的发展历程

我国城市轨道交通建设起步较晚，纵观我国城市轨道交通的发展，大体可以分为以下几个阶段。

1）起步阶段（1965—1998年）

20世纪50年代，我国就开始筹备地铁建设，规划了北京地铁网络。第一条地铁线路是北京地铁1号线，1965年7月1日动工修建（如图2-27所示）。该线路主要是为战备而建，

图2-27 北京地铁1号线开通典礼

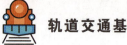

历经4年，于1969年10月建成，全程28.07 km。由于属于战备工程，北京地铁1号线在通车后很长时间内不对公众开放，需凭介绍信参观及乘坐。

1965 —1976 年建设了北京地铁 1 号线一期工程。随后建设了天津地铁 1 号线、北京地铁 2 号线、上海地铁 1 号线，广州地铁 1 号线等。之后，我国的城市轨道交通建设一直处于停滞状态。

2）兴起阶段（1999—2004 年）

随着我国经济的高速发展，城市化进程加快，城市轨道交通也进入高速发展阶段。除了北京、上海、广州、天津这四大城市继续进行城市轨道交通建设外，国家于 1999 年开始陆续审批了深圳、武汉、南京、长春、重庆、大连等 6 座城市的地铁或轻轨建设项目，建设速度大大超过前 30 年，并且从国外引进了一些新型城市轨道交通系统，比如单轨交通。图 2-28 是重庆轻轨 2 号线在李子坝站"穿"居民楼而过的照片。

图2-28 穿楼而过的重庆轻轨2号线

3）高速发展阶段（2005 年至今）

中国经济的迅猛发展为城市轨道交通建设带来了重大机遇，各大城市轨道交通项目相继立项开工。截至 2017 年 12 月 31 日，我国共有北京、上海、广州、深圳、南京、天津、重庆、大连、沈阳、长春、成都、武汉、西安、佛山、苏州、杭州、昆明、哈尔滨、郑州、长沙、宁波、无锡、青岛、南昌、淮安、东莞、合肥、南京、福州、石家庄、贵阳、厦门、珠海共 33 座城市拥有城市轨道交通运营线路，投入运营的城市轨道交通线路里程超过 4 706 km，超过世界城市轨道交通运营总里程的 30%。其中，上海 676 km，北京 607 km，广州 376 km，南京 365 km，深圳 298 km。

《中国交通运输发展》白皮书指出："十三五"期间，我国要建设现代高效的城际、城市交通。建设城市群中心城市间、中心城市与周边节点城市间 1~2 h 交通圈，打造城市群中心城市与周边重要城镇间 1 h 通勤都市圈。在城镇化地区大力发展城际铁路、市域（郊）铁路，形成多层次轨道交通骨干网络。实行公共交通优先，加快发展城市轨道交通、快速公交等大容量公共交通。到 2020 年，基本建成京津冀、长三角、珠三角、长江中游、中原、成渝、山东半岛城市群城际铁路网。加快 300 万以上人口城市轨道交通成网，新增城市轨道交通运营里程约 3 000 km。

考核评价

1. 自我评价

自我评价从 4 方面进行，每项 10 分，共计 40 分。自我评价表如表 2-7 所示。

表2-7　自我评价表

序号	评价内容（每项10分）	得分	亮点
1	课前知识查阅、调研作业完成情况		
2	课前、课中与人协作表现		
3	对城市轨道交通定义、特点、分类及发展历程的掌握情况		
4	课前、课中学习态度表现		

2. 小组互评

5 个人一小组，小组内同学互评。小组互评从 3 方面进行，每项 10 分，共计 30 分。小组互评表如表 2-8 所示。

表2-8　小组互评表

序号	评价内容（每项10分）	得分	亮点
1	课中学习态度		
2	课中与人协作表现		
3	对城市轨道交通定义、特点、分类及发展历程的掌握情况		

3. 教师评价

教师评价从 3 方面进行，每项 10 分，共计 30 分。教师评价表如表 2-9 所示。

表2-9　教师评价表

序号	评价内容（每项10分）	得分	亮点
1	课前知识查阅、调研作业完成情况		
2	课中参与、与同学协作情况		
3	对城市轨道交通定义、特点、分类及发展历程的掌握情况		

教师建议：

第3章

轨道交通线路

　　轨道交通线路是轨道交通的重要组成部分，是列车运行的基础。不同类型的轨道交通，其轨道线路有所不同，目前大多数国家和地区广泛采用的轨道交通系统主要是由两根钢轨支撑列车运行的轮轨交通系统。

　　本章我们来学习双钢轨轨道交通线路的相关知识，希望能达到以下教学目标。

【知识目标】

1. 了解轨道交通线路的结构。
2. 熟悉轨道交通线路的标识。
3. 掌握路基、桥隧建筑物、轨道的结构、作用、特点。

【能力目标】

1. 熟记轨道交通线路的概念。
2. 能正确说出轨道交通线路的主要组成部分。
3. 认识常见轨道交通线路标志。

3.1　认识轨道交通线路

轨道交通线路是轨道运输的重要技术设备之一，主要由路基、桥隧建筑物和轨道组成。其中，路基和桥隧建筑物是轨道的基础，它们直接承受轨道的重量，以及机车车辆及其荷载的压力，所以路基和桥隧建筑物的状态与线路质量的关系极为密切。

3.1.1　线路的组成

轨道交通线路是为了进行轨道交通运输所修建的固定路线，是列车运行的基础，是由路基、桥隧建筑物和轨道组成的一个整体工程，是轨道交通所有行车线路的总称。如图3-1所示。

图3-1　轨道交通线路

1. 路基

路基是轨道的基础，它直接承受上部轨道重量和轨道传来的列车及其荷载的压力。图 3-2 是正在铺设的路基。

图3-2　铺设中的路基

2. 桥隧建筑物

桥隧建筑物是为了让线路跨越高山、河流或为实现立体交通而修建的，如图 3-3 所示。

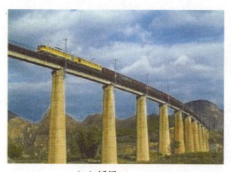
（a）桥梁

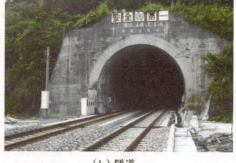
（b）隧道

图3-3　桥隧建筑物

3. 轨道

轨道是铺设在路基之上，用来引导车辆运行方向，并直接承受车轮的巨大压力，使之传递、扩散到路基及桥隧建筑物上的整体工程结构，如图 3-4 所示。

图3-4　轨道

路基和桥隧建筑物又称为线路的下部结构。在线路的修建过程中，总是在路基、桥隧建筑物修筑之后才铺设轨道。

3.1.2　线路的标志

为了线路的维修和养护，为了司机工作上的需要，在线路沿线设有各种线路标志。常见线路标志包括百米标、坡度标、曲线标、竖曲线标。

1. 百米标

百米标设在列车运行方向的线路右侧，用于以百米为单位表示正线距离该线路起点的长度。百米标表示方法为"百米数＋米"，如果百米标上面的数字如图 3-5 所示，则说明此位置距离线路起点的距离（27 百米 +60 米）为：$27 \times 100 + 60 = 2\,760$（m）。

$$27+60$$

图3-5　百米标示例图

2. 公里标

与百米标的作用相似,从线路起点开始计算,每公里设一个公里标,并在相邻两个公里标中间设一个半公里标。公里标如图 3-6 所示。

图3-6　公里标

公里标表示方法为"公里 + 米",如果公里标上面的数字如图 3-6 所示,则表示此位置距离该线路起点的距离是 5 km,如果公里标上面显示"K05+375",则计算方法为: 5 km+375 m,即 5.375 km,表示此位置距离线路起点的距离是 5.375 km。

3. 坡度标

坡度标设在线路坡度和变坡点处列车运行方向右侧,标明其所向方向的上、下坡坡度值及其长度。坡度标如图 3-7 所示。

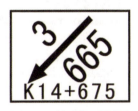

图3-7　坡度标示例图

图中,坡度标表示坡度为 3‰ 的下坡道,坡长为 665 m,变坡点在 14 675 m 处。

4. 曲线标

曲线标用于标识曲线线路的弯曲情况,分曲线要素标和曲线始、终点标两种。

1）曲线要素标

曲线要素标设在曲线中点处列车运行方向右侧,标明曲线中心里程、半径、缓和曲线、曲线长度、超高和加宽等,如图 3-8 所示。

曲线号:	33
半　径:	800
缓和曲线:	322
曲线全长:	3900
超　高:	45
加　宽:	0

图3-8　曲线要素标

曲线要素标中，各项的含义如下：

① **曲线号**　表示曲线在线路中的编号；

② **半径**　表示该曲线的圆曲线半径长度，以 m 为单位；

③ **缓和曲线**　表示缓和曲线的长度，以 m 为单位；

④ **曲线全长**　表示曲线的长度，以 m 为单位；

⑤ **超高**　当列车在曲线线路上行驶时，受离心力作用会向外产生滑移，为抵消列车在曲线路段上行驶时所产生的离心力，保证列车能安全、稳定、经济、舒适地通过曲线路段，在该路段上设置的外侧高于内侧的单向横坡，称为超高，以 mm 为单位；

⑥ **加宽**　作用与"超高"相同，指的是线路在横向超出正常的宽度，以 m 为单位。

2）曲线始、终点标

设在列车运行方向右侧，标明所向为直线、圆曲线和缓和曲线，如图 3-9 所示。

图3-9　曲线始、终点标

图 3-9 的含义为：此位置距离线路起点为 12.348 km，从此处开始由直线进入缓和曲线。曲线标在线路上的位置示意图如图 3-10 所示。

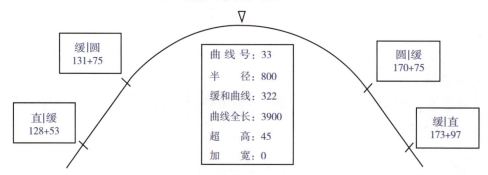

图3-10　曲线标在线路上的位置示意图

5. 竖曲线标

竖曲线标包括竖曲线起点标和终点标两种，分别设在竖曲线起点、终点处的列车运行方向右侧，用以标明竖曲线的起点和终点里程，如图 3-11、图 3-12 所示。

竖曲线起点 40+422	**竖曲线终点** 40+437

图3-11　竖曲线标照片　　　　　　图3-12　竖曲线起点、终点标的里程显示例

3.1.3　线路横断面

当列车在线路上行驶时，要确保列车有一个安全的运行空间，保证列车在运行时不会与线路两侧的建筑物和设备发生碰撞。为此，对列车车辆和接近线路的建筑物、设备规定了一个不允许超越的轮廓尺寸线，称为限界。限界由内到外依次为：车辆限界、设备限界、建筑限界。

① **车辆限界**　为了确保行车安全，要求车辆本身不得超过规定的轮廓尺寸线。

② **设备限界**　为保证轨道交通列车等移动设备在运营过程中的安全而设置的限界。设备限界要在车辆限界的基础上，考虑轨道出现状态不良而引起的车辆偏移和倾斜；此外，还要考虑适当的安全预留量。

③ **建筑限界**　在行车隧道和高架桥等结构物最小横断面的有效内轮廓线的基础上，再考虑其施工误差、测量误差、结构变形等因素，为满足固定设备和管线安装而设置的限界。

三个限界的关系为：建筑限界 > 设备限界 > 车辆限界。

3.1.4　线路间距

当两辆高速行驶的列车相遇时，两车之间会产生很大的风压力。列车头部的风压力使列车相互排斥，接近列车尾部时风压力使列车相互吸引。不论是作用在相互排斥的方向上，还是作用在相互吸引的方向上，风的最大压力基本相等。

为了保证行车安全，对线路间距也做了规定：当两列时速 250 km 的列车相对开行时，为保证作业人员站在两车中间的安全性，规定线路中心线至少相距 4.2 m，车辆限界宽度为 3.4 m。我国京沪高速铁路规定的线路间距为 5.0 m。

考核评价

1. 自我评价

自我评价从 4 方面进行，每项 10 分，共计 40 分。自我评价表如表 3–1 所示。

表3–1　自我评价表

序号	评价内容（每项 10 分）	得分	亮点
1	课前知识查阅、调研作业完成情况		
2	课前、课中与人协作表现		
3	对轨道交通线路组成、标志、线间距离的了解情况		
4	课前、课中学习态度表现		

2. 小组互评

5 个人一小组，小组内同学互评。小组互评从 3 方面进行，每项 10 分，共计 30 分。小组互评表如表 3–2 所示。

表3–2　小组互评表

序号	评价内容（每项 10 分）	得分	亮点
1	课中学习态度		
2	课中与人协作表现		
3	对轨道交通线路组成、标志、线间距离的掌握情况		

3. 教师评价

教师评价从 3 方面进行，每项 10 分，共计 30 分。教师评价表如表 3–3 所示。

表3–3　教师评价表

序号	评价内容（每项 10 分）	得分	亮点
1	课前知识查阅、调研作业完成情况		
2	课中参与、与同学协作情况		
3	对轨道交通线路组成、标志、线间距离的掌握情况		

教师建议：

3.2　路　　基

路基是轨道的基础，是轨道交通线路的重要组成部分。它的作用是直接承受轨道的重量，以及机车、车辆及其荷载的压力。路基的稳定性与坚固性直接关系到线路的质量、列车的正常运行与安全，特别是高速列车，更需要有良好的路基。

3.2.1 轨道线路对路基的要求

路基作为土工结构物，必须具有足够的强度、稳定性和耐久性。为保证路基状态的完好，保证线路质量和列车的安全、正常运行，路基应满足下述要求：

① 路基面必须平顺，并有足够宽度，路基面的上方应形成与铁路限界规定相符的安全空间，不得侵入铁路建筑限界，以保证列车运行与线路作业安全；

② 路基应具有抵御各种自然因素影响的足够的坚固性和稳定性：坚固性是指路基本体须有足够的强度，不发生超过允许的沉降；稳定性是指路基边坡和基底应保持固定的位置，不发生危及正常运营的变形；

③ 水的活动往往是造成路基病害的重要原因，为保证路基的安全和稳定，必须做好路基的排水工作；

④ 路基的设计、施工与养护应符合经济合理的原则。

3.2.2 路基的形式

在轨道线路工程中，在线路中心线的设计标高与自然地面标高相差不多的地段，往往通过填土或者挖土的方式来修筑路基。由于填挖方式的不一样，形成了两种基本形式的路基——路堤和路堑。

1. 路堤

当铺设轨道的路基面高于天然地面时，路基以填筑方式修筑，这种路基称为路堤。其路基的基本断面形式和实物照片如图 3-13 所示。

图3-13 路堤

2. 路堑

当铺设轨道的路基面低于天然地面时，路基以开挖方式修筑，这种路基称为路堑。其路基的基本断面形式和实物照片如图 3-14 所示。

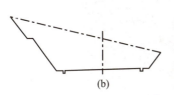
(b)

图3-14 路堑

3.2.3 路基的排水和防护

由于路基在列车运行的作用和自然条件的长期影响下，不可避免地会引起路基土壤的力学性质发生变化，从而容易形成路基病害。

1. 排水

为了避免路基病害的形成，保证路基状态的良好，必须对路基采取排水措施，以保持路基干燥，尤其是路堑地段，不但要排地表水，还要排地下水。通常，在修路基的时候，就同步修建排水沟，如图3-15所示。

路基
排水沟

图3-15　在路基旁修排水沟

如果因路堤的修建影响了自然地表水的排泄，还需要在路堤之下修建涵洞（如图3-16所示），借助涵洞引导地表水通过线路，以免地表水在线路一侧汇集成水潭，对路基进行浸泡。

图3-16　排水涵洞

2. 防护

为了防止雨水冲刷造成路基的边坡变形，保持路基的坚固和稳定，通常还需要对路基加固边坡。边坡加固的方法主要有种草、喷浆、抹面、砌石和修筑挡土墙等，如图3-17所示。

图3-17　加固边坡

考核评价

1. 自我评价

自我评价从 4 方面进行，每项 10 分，共计 40 分。自我评价表如表 3-4 所示。

表3-4　自我评价表

序号	评价内容（每项 10 分）	得分	亮点
1	课前知识查阅、调研作业完成情况		
2	课前、课中与人协作表现		
3	对路基的特点、形式、排水、防护的掌握情况		
4	课前、课中学习态度表现		

2. 小组互评

5 个人一个小组，小组内同学互评。小组互评从 3 方面进行，每项 10 分，共计 30 分。小组互评表如表 3-5 所示。

表3-5　小组互评表

序号	评价内容（每项 10 分）	得分	亮点
1	课中学习态度		
2	课中与人协作表现		
3	对路基的特点、形式、排水、防护的掌握情况		

3. 教师评价

教师评价从 3 方面进行，每项 10 分，共计 30 分。教师评价表如表 3-6 所示。

表3-6　教师评价表

序号	评价内容（每项 10 分）	得分	亮点
1	课前知识查阅、调研作业完成情况		
2	课中参与、与同学协作情况		
3	对路基的特点、形式、排水、防护的掌握情况		

教师建议：

3.3　桥隧建筑物

当轨道交通线路要通过江河、溪沟、谷地、山岭等天然障碍，或需要跨越公路、铁路时，或需要实现城市立体交通时，就需要修建桥隧建筑物，以使轨道交通线路得以继续向前延伸。

3.3.1 轨道交通线路对桥隧建筑物的要求

桥隧建筑物包括桥梁、涵洞、明渠、隧道等。在修建轨道交通线路时，桥隧建筑物的工程量一般占相当大的比重。大桥和长隧道的施工期限，有时还成为新建轨道交通线路能否按时通车的关键。因此修建轨道交通线路时对桥隧建筑物的要求如下：

① 桥隧建筑物造价较高，构造复杂，一旦遭到损坏，修复和加固都很困难，所以应将其修建为永久性结构以保证长时间使用，并能在正常的养护、维修后保持规定的强度；

② 为了避免日后施工的浪费和影响运输，修建桥梁、涵洞、隧道时，其限界应考虑未来电气化发展的需要，还应满足大型养路机械清扫作业的要求。

3.3.2 桥梁

1. 桥梁的作用

桥梁的原始作用是跨越障碍物，使道路得以往前延伸。图 3-18 是跨越河流的高架桥。

图3-18 跨越河流的高架桥

如今，桥梁除了仍然具备跨越障碍物的功能外，还具有在城市实现立体交通的功能。城市轨道交通的高架线路就设置于高架桥上，与地面交通互不干扰，造价也比地下线路低，在施工、维护、管理、环控、防灾等方面都较地下线路方便。因此，高架桥在改善城市交通的同时，也在美化着城市，典型示例如图 3-19 所示。

图3-19 美化城市的城市轨道交通高架桥

2. 桥梁的分类

桥梁种类很多，形式多样，按桥梁长度 L 分，桥梁可分为以下几种：

① **小桥** $L < 20\ \text{m}$；

② **中桥** $20\ \text{m} \leqslant L < 100\ \text{m}$；

③ **大桥** $100\ \text{m} \leqslant L < 500\ \text{m}$；

④ **特大桥** $L \geqslant 500\ \text{m}$。

3. 桥梁的构造

桥梁由桥面、桥跨结构、支座系统、墩台及基础五大部分组成，如图 3-20 所示。

① **桥面** 是桥梁上铺设的轨道部分。

② **桥跨结构** 又称为梁，是桥梁承受荷载、跨越障碍物的部分。

③ **支座系统** 用于支承上部结构并传递荷载于桥梁墩台上，它应保证上部结构在荷载、温度变化或其他因素作用下所预计的位移功能。

④ **墩台** 是支承桥跨结构的部分，包括桥墩和桥台，设于桥梁中部的支座称为桥墩，设于桥梁两端的支座称为桥台。

⑤ 桥墩与桥台的底部为墩台的基础，基础是保证桥梁安全并将荷载传至地基的结构部分。

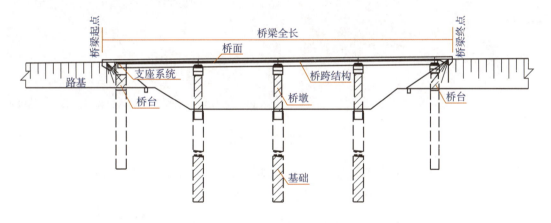

图3-20 桥梁的组成

3.3.3 隧道

1. 隧道的作用

隧道是轨道交通线路在翻越山岭时为了避免开挖深路堑或修建很长的迂回线而用于穿越山岭的建筑物，示例如图 3-21 所示。

图3-21 五指山隧道

　　隧道的功能除了穿越山岭，还能穿越江河、湖泊，甚至穿越海峡。在城市轨道交通中，隧道的作用则是将城市轨道交通线路和车站修建在地下，如图 3-22 所示。

图3-22 城市轨道交通隧道

　　在市区修建城市轨道交通，常常要开挖地下隧道。虽然修建地下隧道工程巨大、造价很高，但是设置于隧道中的地下线路，与地面交通完全分离，且不占地面和地上空间，基本上不受气候影响，对于改善城市交通、树立良好的城市形象，具有很好的促进作用。

2. 隧道的分类
隧道按其长度 L 分类，可分为以下 3 种：
① 一般隧道　$L < 2\,\text{km}$；
③ 长隧道　$2\,\text{km} \leqslant L < 5\,\text{km}$；
③ 特长隧道　$L \leqslant 5\,\text{km}$。

3. 隧道的构造

隧道一般由洞身、衬砌、洞门、避人（车）洞等组成，其结构示意图如图 3-23 所示。

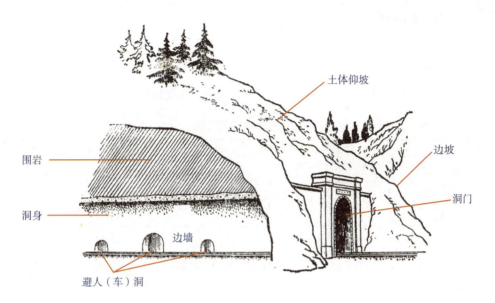

图3-23 隧道的结构示意图

1）洞身

洞身是隧道的主要组成部分，其长度由两端洞门的位置决定。洞身是列车通过的通道，为保证行车安全，洞身必须按建筑限界标准修建。

2）衬砌

衬砌的作用是：承受地层的压力，防止隧道周围地层变形，防止岩石风化和坍落，维护隧道轮廓不变形，确保行车安全。

3）洞门

洞门在隧道进出口处，其主要作用是：保证洞口土体仰坡和边坡的稳定，并通过洞门位置的排水系统将仰坡流下的雨水引离隧道，以防止水流冲刷洞门。

4）避人（车）洞

为使工作人员、行人及运料小车避让列车，在隧道的两侧会互相交错地修建避人洞和避车洞。它们是隧道的附属建筑物。

 **考核评价**

1. 自我评价

自我评价从 4 方面进行，每项 10 分，共计 40 分。自我评价表如表 3-7 所示。

表3-7　自我评价表

序号	评价内容（每项10分）	得分	亮点
1	课前知识查阅、调研作业完成情况		
2	课前、课中与人协作表现		
3	对桥梁和隧道的作用、分类、构造的掌握情况		
4	课前、课中学习态度表现		

2. 小组互评

5 个人一小组，小组内同学互评。小组互评从 3 方面进行，每项 10 分，共计 30 分。小组互评表如表 3-8 所示。

表3-8　小组互评表

序号	评价内容（每项10分）	得分	亮点
1	课中学习态度		
2	课中与人协作表现		
3	对桥梁和隧道的作用、分类、构造的掌握情况		

3. 教师评价

教师评价从 3 方面进行，每项 10 分，共计 30 分。教师评价表如表 3-9 所示。

表3-9　教师评价表

序号	评价内容（每项10分）	得分	亮点
1	课前知识查阅、调研作业完成情况		
2	课中参与、与同学协作情况		
3	对桥梁和隧道的作用、分类、构造的掌握情况		

教师建议：

3.4　轨　　道

　　轨道是轨道交通线路的上部结构，用于引导列车安全、快速、平稳地沿着路线延伸的方向运行，同时把列车的重力及列车在运行过程中所产生的冲击力均匀地传递给路基或桥隧建构物。

3.4.1　轨道的结构

　　轨道是一个整体的工程结构，通常由两条平行的钢轨组成，钢轨固定在轨枕上，轨枕之下为道床，由扣件、防爬撑、防爬器等配件紧固，其结构如图 3-24 所示。

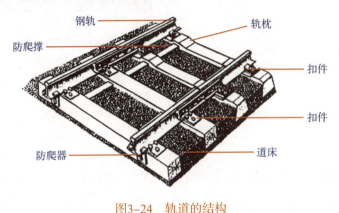

图3-24　轨道的结构

3.4.2　道床

1. 道床的作用

道床直接铺在路基面上，位于轨枕之下，通常采用碎石、矿渣等材料。其作用如下：

① 承受轨枕传下的压力，并将此压力平均分布在路基上；

② 固定轨枕，使轨道保持正确的线型和坡度；

③ 排除轨枕周围及下方雨水，防止路基的土壤湿软变形；

④ 增加轨道的弹力，使受列车碾压后的钢轨迅速恢复原位；

⑤ 防止轨道区生长杂草。

2. 道床的分类

道床通常有两种类型：碎石道床和整体道床。

1）碎石道床

　　碎石道床又称为有砟道床，如图 3-25 所示。碎石道床是一种比较常见的道床形式，通常由具有一定粒径、级配和强度的硬质碎石堆集而成。碎石道床的石块与石块之间存在空隙和摩擦力，使得轨道具有一定的弹性，这种弹性不仅能吸收列车运行产生的冲击和振动，使列车运行平稳，而且能改善列车和钢轨、轨枕等部件的工作条件，延长其使用寿命，也有利于排水。

图3-25 碎石道床

2）整体道床

整体道床又称混凝土整体道床，也称无砟道床，如图 3-26 所示。整体道床以混凝土地基取代道砟及路基，是现代轨道交通中常用的道床形式。整体道床整洁美观、坚固耐用、维修量少，但由于是整体浇筑，故而弹性较差。

图3-26 整体道床

3.4.3 轨枕

1. 轨枕的作用

轨枕位于道床之上、钢轨之下，其形状如图 3-27 所示。

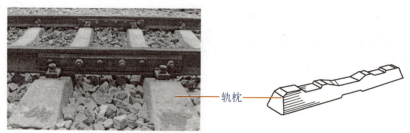

图3-27 轨枕的形状

轨枕的作用如下：

① 支承钢轨；

② 保持钢轨的位置；

③ 维持钢轨的线型及轨距；

④ 把钢轨传递来的巨大压力再传递给道床；

⑤ 确保轨道具有均匀的弹力，列车经过时，它可以适当变形以缓冲压力，但列车过后能尽快恢复原状。

2. 轨枕的分类

根据材质的不同，轨枕主要分木枕和混凝土枕两种。

1）木枕

木枕由木材制成，是自从有铁路以来就存在的轨枕类型。但是，由于取材的原因，再加上木枕的弹性、强度和耐久性不够均匀，使用寿命短等原因，目前在主要干线上已逐渐被混凝土枕取代。图 3-28 为木枕轨道交通线路。

图3-28　木枕轨道交通线路

2）混凝土枕

混凝土枕由混凝土制成，除了能大量节约优质木材外，还有以下特点：使用寿命长，轨道稳定性好，能满足高速、大运量要求。因此，混凝土枕在铁路上，尤其是在高速铁路上的应用越来越广。图 3-29 为混凝土枕轨道交通线路。

图3-29　混凝土枕轨道交通线路

3.4.4 钢轨

1. 钢轨的作用

钢轨是固定在轨枕之上用于支撑列车并引导车轮运行的轨道部件，其主要作用如下：

① 支撑列车；

② 引导列车运行方向；

③ 承受车轮重压；

④ 将车轮重压分散到钢轨下的轨枕。

2. 钢轨的分类

钢轨的类型是以每米长的钢轨质量千克数表示的。我国轨道交通线路上使用的钢轨有 75 kg/m、60 kg/m、50 kg/m、43 kg/m 和 38 kg/m 等几种，其应用场合如下：

① 38 kg/m 钢轨现已停止生产；

② 43 kg/m 钢轨用于车站线路及专用线；

③ 60 kg/m、50 kg/m 钢轨主要用于铁路干线、城市轨道交通线路；

④ 75 kg/m 钢轨主要用于重载铁路和特别繁忙区段铁路。

3. 钢轨的形状

我国钢轨的标准长度有 25 m 和 12.5 m 两种。钢轨与钢轨之间存在接头需要连接，传统的连接方法是把一节钢轨固定在轨枕之上，各节钢轨之间的接头使用鱼尾板和螺栓接合起来（如图 3-30 所示）。这样的连接方法容易使列车运行到接头部分时产生颠簸，影响乘客的乘坐舒适感。目前常用的方法是持续焊接钢轨，使原本一节一节的钢轨经焊接后成为无缝的长钢轨。

图3-30　用鱼尾板和螺栓连接钢轨

钢轨的断面形状采用具有最佳抗弯性能的"工"字形，由轨头、轨腰及轨底三部分组成，如图 3-31 所示。

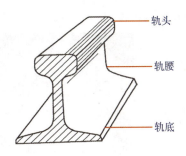

图3-31　"工"字形钢轨断面图

无论哪种型号的钢轨，断面质量比例大致为：轨头 42%、轨腰 21%、轨底 37%，且钢轨的高度应等于底部的宽度。当轨头磨损达 0.64 cm 时，须立即抽换钢轨。

4. 钢轨之间的距离

两根平行钢轨之间的距离称为轨距，现代铁路两条钢轨之间的国际标准距离是 1 435 mm，但世界各国铁路的轨距各不相同，窄的为 610 mm、762 mm、891 mm，中等的有 1 000 mm、1 067 mm、1 372 mm、1 435 mm，宽的甚至达到 1 524 mm、1 880 mm、2 141 mm。1937 年，国际铁路协会做出规定：1 435 mm 的轨距为国际通用的标准轨距，1 520 mm 以上的轨距是宽轨，1 067 mm 以下的轨距为窄轨。

轨距在 1 000 mm 到 1 435 mm 之间的轨道称为米轨，采用米轨的国家和地区超过 57 个，我国云南省至今仍有几条米轨在运行中。

5. 特殊的钢轨

列车在特殊的线路位置上运行时，需要对钢轨进行特别的设计，以确保列车安全、平稳通过，所以需要在特殊位置线路的钢轨上加设护轨。这里主要介绍三种护轨：防脱护轨、桥上护轨、道岔护轨。

1）防脱护轨

在弯曲线路的内弯轨条处加设的一段钢轨为防脱护轨，防脱护轨比正常的轨道高，用以加强保护。防脱护轨如图 3-32 所示。

防脱护轨段

图3-32　防脱护轨

2）桥上护轨

通常，在高架桥或地势较高的线路的钢轨两侧会分别装设两段钢轨，称为桥上护轨，用以防止列车在桥上或高地脱轨时继续外冲。桥上护轨如图 3-33 所示。

图3-33　桥上护轨

3）道岔护轨

在道岔区段，为防止车轮在道岔的岔心处进错路线而安装的护轨称为道岔护轨。道岔护轨如图 3-34 所示。

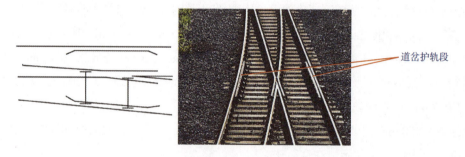

图3-34　道岔护轨

3.4.5　联结零件

联结零件是用于固定钢轨、联结钢轨的部件，可分为接头联结零件和扣件两种。接头联结零件是用来实现钢轨与钢轨联结的部件，如图 3-35 所示。

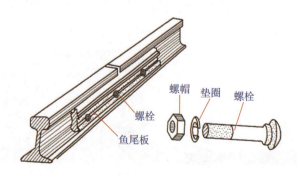

图3-35　接头联结零件

扣件又称为中间联结零件，用于将钢轨固定在轨枕之上，防止钢轨相对轨枕有纵向或横向的移动。混凝土枕的扣件分为扣板式（如图 3-36 所示）、弹片式（如图 3-37 所示）和弹条式（如图 3-38 所示）三种。

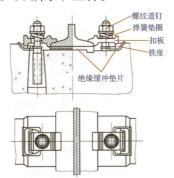

图3-36　扣板式扣件

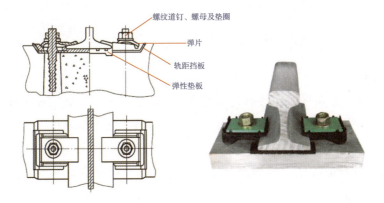

图3-37　弹片式扣件

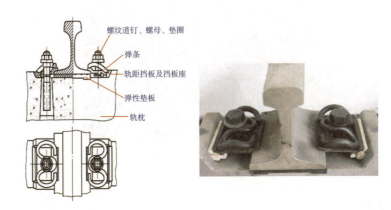

图3-38　弹条式扣件

3.4.6　防爬设备

列车在线路上运行和制动时，车轮会对钢轨产生一个纵向的作用力，该作用力会引起钢轨甚至轨枕的纵向移动，称为轨道爬行。防爬设备的作用是防止轨道爬行，主要有防爬

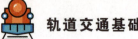
器与防爬撑两种形式。图3-39为防爬器与防爬撑。

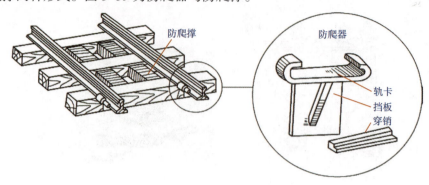

图3-39 防爬器与防爬撑

3.4.7 道岔

1.道岔的作用

道岔是一种使列车从一股道转入另一股道的线路连接装置，通常在车站大量铺设。由于其在列车运行中发挥着至关重要的作用，下面对道岔进行简单的介绍。

道岔的作用是把一条轨道分支为两条或两条以上的轨道。由于道岔结构复杂、零件多、养护较难，因而是线路上的薄弱环节。同时，道岔质量好坏也直接影响行车安全。图3-40为道岔实物图。

图3-40 道岔实物图

2.道岔的分类

1）按列车运行方向分类

按列车运行方向分，道岔可分为顺向道岔和逆向道岔。使列车先经过岔心、后经过尖轨的道岔叫顺向道岔，如图3-41所示。使列车先经过尖轨、后经过岔心的道岔叫逆向道岔，如图3-42所示。

图3-41　顺向道岔

图3-42　逆向道岔

2）按几何形状分类

按几何形状分，道岔可分为单式道岔和复式道岔。

（1）单式道岔。

单式道岔有单开道岔、单式对称道岔、单式同侧道岔等多种。

① 单开道岔的主线为直线方向，侧线由主线向左侧或右侧岔出，如图 3-43 所示。

② 单式对称道岔把直线轨道分为左右对称的两条轨道，如图 3-44 所示。

③ 单式同侧道岔把直线轨道在同一侧分为两条轨道，如图 3-45 所示。

图3-43　单开道岔

图3-44　单式对称道岔

图3-45　单式同侧道岔

（2）复式道岔。

复式道岔有三开道岔、交分道岔等。

① 三开道岔的主线为直线，用同一部转辙机将一条轨道分为三条，两侧对称分支，如图 3-46 所示。

② 交分道岔可保证车辆由一条线路进入或越过另一条线路，如图 3-47 所示。

图3-46　三开道岔

图3-47　交分道岔

考核评价

1. 自我评价

自我评价从4方面进行，每项10分，共计40分。自我评价表如表3-10所示。

表3-10　自我评价表

序号	评价内容（每项10分）	得分	亮点
1	课前知识查阅、调研作业完成情况		
2	课前、课中与人协作表现		
3	对轨道的结构、分类及道岔作用的掌握情况		
4	课前、课中学习态度表现		

2. 小组互评

5个人一小组，小组内同学互评。小组互评从3方面进行，每项10分，共计30分。小组互评表如表3-11所示。

表3-11　小组互评表

序号	评价内容（每项10分）	得分	亮点
1	课中学习态度		
2	课中与人协作表现		
3	对轨道的结构、分类及道岔作用的掌握情况		

3. 教师评价

教师评价从3方面进行，每项10分，共计30分。教师评价表如表3-12所示。

表3-12　教师评价表

序号	评价内容（每项10分）	得分	亮点
1	课前知识查阅、调研作业完成情况		
2	课中参与、与同学协作情况		
3	对轨道的结构、分类及道岔作用的掌握情况		

教师建议：

第4章

轨道交通车站

车站是旅客与轨道交通联系的纽带，既是旅客进出轨道交通的集散中心，也是轨道交通系统办理客货运输的基层生产单位。因此，车站是轨道交通系统面向社会的窗口，其服务水平和效率在此体现。

本章我们来学习轨道交通车站的相关知识，希望能达到以下教学目标。

【知识目标】

1. 了解车站的作用。
2. 了解各类车站的基本业务。
3. 了解高铁车站的布置特点。
4. 了解城轨车站的布置特点。

【能力目标】

1. 能正确说出车站的作用。
2. 了解铁路货运站、客运站及城轨车站的基本业务。
3. 掌握高铁车站与城轨车站的空间布置情况。

4.1　认识轨道交通车站

车站既是轨道交通系统办理客货运输的基地，又是轨道交通系统的一个基层生产单位。在车站，除办理旅客和货物运输的各项作业外，还办理和列车运行有关的各项作业。为了完成上述作业，车站除设有客货运输设备及与列车运行有关的各项技术设备外，还配备了客运、货运、行车、装卸等方面的人员。

3.1.1　车站的作用

1. 车站是办理客货运输的基地

对于轨道交通系统，旅客购票、候车、乘降是在车站进行的，货物的承运、保管、装卸、交付及相关的作业也是在车站进行的，因此车站是轨道交通与旅客、货主联系的枢纽。

2. 车站是轨道交通的基本生产单位

在铁路车站，除了办理客货运输各项作业外，还进行机车的换挂、整备，车辆的检查、修理，以及列车的接发、会让、越行和车列的解体、编组等作业。

在城市轨道交通车站，目前业务相对比较单一，只进行旅客运输，所以车站工作人员的工作只有两项：客运组织工作，行车组织工作。

因此，车站不仅是轨道交通内部各项作业的汇合点，也是提高轨道交通运输效率和运输安全的保证。

3.1.2　车站的分类

目前，我国铁路上有大小车站几千个，城市轨道交通车站也有上千个。这些车站所承担的任务量、业务性质不同，办理的作业类型、服务的对象及重点也有所不同。因此，车站有不同的分类。

1. 按业务性质分

按业务性质分，车站分为营业站和非营业站，营业站又分为客运站、货运站、客货运站。

目前，我国的城市轨道交通和高速铁路主要承担的是客运业务，城市轨道交通用于把旅客从城市的一个地方快速送到城市的另一个地方，高速铁路用于快速把旅客从一个城市送到另一个城市。因此，城市轨道交通和高速铁路的车站都属于客运车站，传统铁路的车站则涵盖了客运站、货运站和客货运站各个类别。

1）客运站

客运站的功能主要是从事客运业务和客车行车与整备作业，根据需要设置若干到发线和站台，以及客运站房。在大型铁路客运站还配备有检修和清洗列车等作业的整备场。图 4-1

所示为北京西客站。

图4-1　北京西客站

2）货运站

货运站的功能主要是从事货运业务，包括货物承运、装卸作业和货物列车的到发作业。根据需要设置若干到发线、编组线和货物库场、库房等设施。图 4-2 为南涪铁路东货运站。

图4-2　南涪铁路东货运站

3）客货运站

客货运站是同时从事客运与货运业务的车站。客货运站的布置形式基本分两种：一是通过式的客货运站，其正线和到发线是贯通的，客运站房和货运库场布置在铁路的一侧；二是尽头式客货运站，其到发线是尽头式的，客运站房和货运库场设于到发线的终端或一侧。

2. 按技术作业分

按技术作业分，车站分为中间站、区段站、编组站。区段站和编组站总称为技术站。

1）中间站

中间站是为沿线居民及工农业生产服务、提高铁路区段通过能力、保证行车安全而设的车站，主要办理列车的到发、会让、越行及客货运业务。

2）区段站

区段站多设在中等城市和铁路网上牵引区段（机车交路）的起点或终点。区段站的主要任务是改编区段到发的车流，为邻接的铁路区段供应或整备机车，或更换货运机车及乘务员，为无改编中转货物列车办理规定的技术作业。此外，区段站还办理一定数量的列车编解作业和客货运业务。

3）编组站

编组站是铁路上的货物列车加工厂，是铁路网上集中办理大量货物列车到达、解体、编组、直通和其他列车作业，并为此设有比较完善的调车作业设备的车站，站内配有机务段和车辆段。

编组站通常建在几条主要干线的汇合处，也可以设在有大量装卸作业地点的大城市、港口或大工矿企业附近。在铁路货运任务中，编组站起着十分重要的作用。

编组站的主要作用为：

① 解编各种类型的货物列车；

② 组织和取送本地区的车流，即小运转列车；

③ 设在编组站的机务段负责供应列车动力，以及整备、检修机车；

④ 设在编组站的车辆段及其下属单位（站修所、列检所）对车辆进行日常维修和定期检修。

图4-3为重庆兴隆场火车编组站，该站三年车辆解编1 000万辆，其中中欧班列（重庆）解编5万余辆。

图4-3　重庆兴隆场火车编组站

3. 按所担负的任务量及在铁路网上的地位分

按所担负的任务量及在铁路网上的地位分，车站分为特等站和多个等级。

1）高铁车站等级划分

对于高速铁路，车站等级划分标准如下：

① **大型站**　位于特大、大城市所在地，客流量大的车站；

② **中型站**　位于中等城市、地区行政所在地，客流量较大的车站；

③ **小型站**　其他地区车站。

2）城市轨道交通车站等级划分

对于城市轨道交通车站，车站规模是按日均客流量和高峰小时客流量确定的，通常分为三个等级：

① **一等站**　位于客流量大且地处市中心区的大型商贸中心、大型交通枢纽中心、大型集会广场、大型工业区及位置重要的政治中心地区的车站；

　　② **二等站**　客流量较大且地处较繁华的商业区、中型交通枢纽中心、大中型文体中心、大型公园游乐场、较大的居住区及工业区的车站；

　　③ **三等站**　客流量小且地处郊区的车站。

　　对于客流量特别大、有特殊要求的车站，其规模等级可列为特等站。

考核评价

1. 自我评价

自我评价从 4 方面进行，每项 10 分，共计 40 分。自我评价表如表 4-1 所示。

表4-1　自我评价表

序号	评价内容（每项 10 分）	得分	亮点
1	课前知识查阅、调研作业完成情况		
2	课前、课中与人协作表现		
3	对车站的作用、分类及等级划分的掌握情况		
4	课前、课中学习态度表现		

2. 小组互评

5 个人一小组，小组内同学互评。小组互评从 3 方面进行，每项 10 分，共计 30 分。小组互评表如表 4-2 所示。

表4-2　小组互评表

序号	评价内容（每项 10 分）	得分	亮点
1	课中学习态度		
2	课中与人协作表现		
3	对车站的作用、分类及等级划分的掌握情况		

3. 教师评价

教师评价从 3 方面进行，每项 10 分，共计 30 分。教师评价表如表 4-3 所示。

表4-3　教师评价表

序号	评价内容（每项 10 分）	得分	亮点
1	课前知识查阅、调研作业完成情况		
2	课中参与、与同学协作情况		
3	对车站的作用、分类及等级划分的掌握情况		

教师建议：

4.2　高速铁路车站

高速铁路车站是高速铁路重要的基础设施，大型客运站既是国家或区域的重要交通枢纽，也是所在城市的重要地标和公众活动中心。与常规铁路客运站相比，高速铁路车站具有客流到发密集、旅客集散顺畅、服务功能完善、内外交通衔接便捷、站内环境整洁舒适等优点。

4.2.1　高铁站的特点

高速铁路车站简称高铁站，是配合高速铁路系统正常运作的火车站。世界各国都没有对高铁站做出明确规定，只是大众习惯把高速铁路沿线上的火车站称为高铁站。

高铁站以停靠高速列车为主，车站的调度设施和候车环境一般优于非高铁站。与普通车站相比，高铁站具有以下特点：

① **高架车站多**　现代高速铁路大都采用以桥代路形式，使得高架车站在高铁站中占很大比重；

② **车站环境好**　高铁站内的配套设施先进，候车室宽敞明亮；

③ **车站造型美**　高铁站大多注重艺术造型和美学外观，通常都宏伟壮观且很优美，图4-4是北京南站的效果图；

图4-4　北京南站效果图

④ **车站位置偏**　高铁站多在待开发区、扶贫区，距离主城区较远；

⑤ **车站规模大**　高铁站的规模普遍比普通车站大，站台数量和轨道线数一般多于普通车站；

⑥ **车站新增设施多**　高铁站大多设有智能检票系统，不仅能识别纸质车票，还能通过身份证验票。

4.2.2 高铁站的位置与站距

1. 高铁站的位置

高铁站的位置，主要由以下因素确定：

① 线路沿途通过各大、中城市的旅客需求，以及该地区经济发展的需求；

② 日常运营中的运输组织需求；

③ 高铁列车维修、整备段的设置情况；

④ 与既有路网的连接。

2. 高铁站的站距

根据国内外高速铁路修建情况，高速铁路车站的站距大多在 30~100 km 之间，与沿线的城市分布及采用的运输组织模式有关，具体如表4-4所示。

表4-4 国内外高速铁路车站数量及站距

国家	起讫点	线路总长 /km	车站数量	平均站距 /km	运输模式
日本	东京—大阪	515.4	13	43	高速客运
	上野—盛冈	492.9	15	36	高速客运
法国	巴黎—里昂	426.0	4	142*	高速客运
	巴黎—勒芒图尔	280.0	3	116~182*	高速客运
德国	曼海姆—斯图加特	105.0	2	89*	客货混用
意大利	罗马—佛罗伦萨	262.0	19	30	客货混用
西班牙	西班牙—塞维利亚	471.0	7	78*	客货混用
韩国	首尔—佛山	409.0	6	82	高速混运
中国	北京—上海	1 318	24	58	高速客运
	武汉—广州	1 068	18	63	高速客运
	海口—三亚	308	15	22	城际客运
	福州—厦门	275	13	23	客货混用

注：① * 标识大间距。
   ② 罗马—佛罗伦萨客货混用线路的平均站距按客运站数量计算，不包括货运站。

我国高速铁路车站之间的平均距离为 30~60 km。例如，京石客运专线共设车站 7 个，始发站有北京西站、石家庄站；中间站有涿州东、保定东、定州东、石家庄机场；越行站有固城站。平均站距为 46.37 km，最大站距为北京西至涿州东区间，61.55 km；最小站距为石家庄机场至石家庄东区间，32.25 km。

4.2.3　高铁站的组成

高铁站主要由站前广场、站房和站场三大部分组成。

1. 站前广场

通常，一列列车的旅客总数约在千人以上。当列车到发时，高铁站的旅客非常集中，尤其是始发、终到列车较多的车站，大量旅客的集结或疏散，需要较大的场地，站前广场就是为了满足以上交通集散要求而设置的。站前广场的作用如下：

① 使人流、车流能够快速利用广场集散；

② 使旅客能利用广场进行多种活动，如短暂休息、购物、联系各种服务设施、熟悉车站环境及亲友等候、会面、接送等。

图 4-5 是武汉高铁站的站前广场。

图4-5　武汉高铁站的站前广场

2. 站房

站房主要是旅客购票、候车的场所。高铁站站房一般根据需要设计成几层，每层完成不同的功能。一般一层为购票及进站空间；二层为进站厅，直接与高架候车厅相接；地下一层为出站厅及换乘空间，旅客可在此实现国铁、地铁之间的换乘；地下二层一般为地铁换乘枢纽站。其布局如图 4-6 所示。

图4-6　高铁站站房的布局

图 4-7 是高铁站售票处、自动售票机、候车区的照片。

图4-7　高铁站站房照片

3. 站场

站场是旅客进出站、候车的场所，包括出入站通道、站内线路、站台等。

1）出入站通道

① 旅客进出通道数，特大型站不应少于 3 处，大型站不应少于 2 处，中型和小型站不应少于 1 处；设有高架候车室时，出站通道不应少于 1 处；

② 旅客站台的出入口宜设计为双向出入口。

当旅客需要经过地道（见图 4-8）进出站时，地道的设计要求如下：

① 地道宽度不应小于 5.2 m；

② 地道的通道净高不宜小于 3.0 m；

③ 地道的通道通向旅客站台的出入口，宜设计为单向出入口，其宽度不应小于 4.5 m；

④ 地道的通道应设置在站台的端部。

图4-8　进出站的地道

2）站内线路

高速铁路车站内的站线包括正线、列车到发线、联络线、走行线及其他岔线。与旅客上下车、候车直接相关的主要是列车到发线和站内正线，如图4-9所示。

①**站内正线**　连接车站并贯穿或直股伸入车站的线路。

②**列车到发线**　列车到达、停靠、出发使用的线路，通常与正线平行。

站内正线

列车到发线

图4-9　站内线路

3）站台

站台（见图4-10）是旅客候车、上下车的场所。由于高速铁路的列车速度较高，列车进站，特别是不停站直接通过时会产生强烈的气流冲击，为了安全地为旅客提供上下车、候车的场所，站台应满足以下要求。

①站台不宜邻靠正线设置。

②若站台邻靠正线设置，列车通过速度不应大于250 km/h。列车通过时速大于80 km时，应在距离站台边缘1.5 m处设置站台安全标线，必要时在距离站台边缘1.2 m处设置安全防护设施；列车通过时速不大于80 km时，应在距离站台边缘1.0 m处设置站台安全标线。

③站台位于到发线一侧时，应在距离站台边缘1.0 m处设置站台安全标线。

④站台应布置在车场居中位置。

⑤ 站台宜设在直线地段，困难条件下站台可深入曲线地段，此时站台端部最小宽度不宜小于 5.0 m。

⑥ 站台长度应按 450 m 设置。

⑦ 站台高度应高出轨面 1.25 m。

⑧ 站台宽度应根据车站性质、站台类型、客流密度、安全退避距离等因素来确定。

⑨ 站台两端应设置台阶，有特殊要求时可设置坡道；站台两端应设置防护栅栏和宽度不小于 1.0 m 的栅栏门，并设置禁止通行标志。栅栏的设置位置应符合建筑界限的规定。

图4-10 站台

4.2.4 高铁站的布置

根据站房与线路的空间位置关系不同，高铁站有以下 3 种布置方式。

1. 高架下车站

这类车站的站房在线路的下部，旅客需要经过自动扶梯上高架线乘车。其布置示意图如图 4-11 所示。

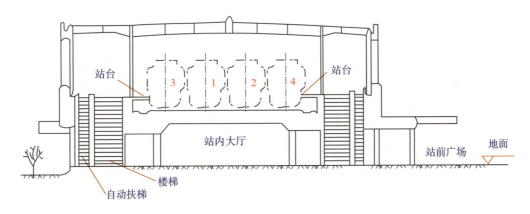

图4-11 高架下车站布置示意图

图中，1、2、3、4是线路。其中，1、2是站内正线，3、4是到发线，即列车进站、停靠、出站的线路，乘客在站内大厅购票后，通过电扶梯到达站台，在站台候车，等列车停稳、开门后，先下后上。

2. 高架上车站

这类车站的站房在线路的上部，旅客需要经过自动扶梯下到站台乘车。其布置示意图如图4-12所示。

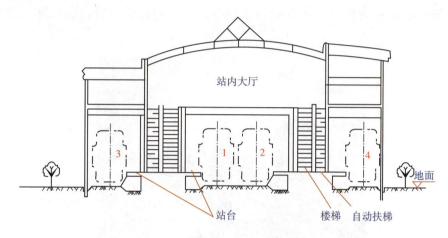

图4-12　高架上车站布置示意图

图中，1、2、3、4是线路。乘客在站内大厅购票后，通过自动扶梯或楼梯下到站台，在站台候车，等列车停稳、开门后，先下后上。

3. 地下车站

这类车站的站房与线路全部设在地下，而站房又位于线路的上方。这种布置的优点是有利于高速铁路穿越城市，不干扰城市交通。其布置示意图如图4-13所示。

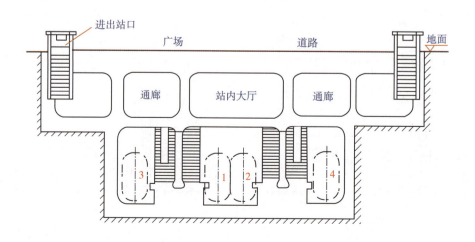

图4-13　地下车站布置示意图

图中，1、2、3、4是线路。乘客先通过进出站口下到站内大厅，在站内大厅购票后，通过自动扶梯或楼梯下到站台层候车，等列车停稳、开门后，先下后上。

4.3.5 高铁站分类

1. 越行站

越行站的作用是使同一线路上的快车超过慢车，也可办理高等级高速列车越行低等级高速列车作业，但不办理客运业务。

越行站是中国高速铁路特有的，设于站间距离较长的区间。国外高速铁路如日本、法国等国则没有设纯粹的越行站，而是设有兼办越行作业和客运业务的车站。

越行站一般只办理正线各种列车的通过；由于越行站不办理旅客乘降作业，所以只需设2条待避到发线，不需要设置站台。

2. 中间站

高速铁路的中间站一般位于高速铁路中间，不办理列车始发、终到作业。中间站办理的主要作业如下：

① 办理正线中高速列车的停站或不停站通过；

② 办理中速列车或低等级高速列车待避高等级高速列车；

③ 办理中高速列车的客运业务，如售票、旅客乘降等；

④ 在枢纽站及始发、终到站存车线不足条件下，可办理少量的高速列车夜间停留。

3. 始发、终到站

始发、终到站位于高速铁路起、终点，需要办理大量列车始发、终到作业和动车组的技术作业，还有大量旅客换乘作业。

高速铁路始发、终到站的主要作业如下：

① 办理高速列车的客运作业和旅客中转换乘作业；

② 办理高速列车的技术作业，如列车接发、动车组出入段取送、技术检查等；

③ 办理高速列车车底的整备作业，如车底的清洗、检修、整备等；

④ 动车组合并或少量的分解作业；

⑤ "天窗"时间内办理检测、维修等列车进出正线作业。

4. 枢纽站

枢纽站一般位于铁路枢纽或直辖市、省会，有大量的列车始发和终到作业，但不办理动车组的日检等技术作业。

考核评价

1.自我评价

自我评价从 4 方面进行,每项 10 分,共计 40 分。自我评价表如表 4-5 所示。

表4-5　自我评价表

序号	评价内容(每项 10 分)	得分	亮点
1	课前知识查阅、调研作业完成情况		
2	课前、课中与人协作表现		
3	对高铁站的间距、分类、布置、组成的掌握情况		
4	课前、课中学习态度表现		

2.小组互评

5 个人一小组,小组内同学互评。小组互评从 3 方面进行,每项 10 分,共计 30 分。小组互评表如表 4-6 所示。

表4-6　小组互评表

序号	评价内容(每项 10 分)	得分	亮点
1	课中学习态度		
2	课中与人协作表现		
3	对高铁站的间距、分类、布置、组成的掌握情况		

3.教师评价

教师评价从 3 方面进行,每项 10 分,共计 30 分。教师评价表如表 4-7 所示。

表4-7　教师评价表

序号	评价内容(每项 10 分)	得分	亮点
1	课前知识查阅、调研作业完成情况		
2	课中参与、与同学协作情况		
3	对高铁站的间距、分类、布置、组成的掌握情况		

教师建议:

4.3　城市轨道交通车站

与铁路车站相比,我国城市轨道交通的车站功能相对比较单一,其主要用途是旅客运输,用于把乘客从城市的一个地方送到另一个地方。

4.3.1　车站的位置与间距

1. 车站位置

城市轨道交通车站的位置选择主要考虑客流因素，其具体站位一般有以下三种形式。

1）跨路口站位

跨路口站位如图 4-14 所示，它便于各个方向的乘客进入车站，减少了路口人流与车流的交叉干扰，而且与地面公交线路有良好衔接，在有条件时应优先选用。

2）偏路口站位

偏路口站位如图 4-15 所示。车站于偏路口一侧设置，施工时可减少对城市地面交通及对地下管线的影响，高架时较容易与城市景观相协调。缺点是：路口客流较大时，容易使车站两端客流不均衡，影响车站的使用功能。一般在高架线或路口施工难度较大时采用。

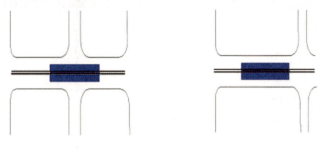

图4-14　跨路口站位　　　　　图4-15　偏路口站位

3）位于道路红线以外站位

此站位通常在有利的地形条件下采用，典型的有以下几种情况：①设于火车站站前广场或站房下，以利客流换乘；②与城市其他建筑同步实施，和新开发建筑物相结合；③结合城市交通规划，建设城市综合交通枢纽等。

2. 车站的间距

城市轨道交通是一项投资巨大且在城市交通中起骨干作用的城市客运交通系统。车站间距的大小，不仅与车站位置相关，而且还关系到运营速度、工程投资及社会效益等诸多方面。

城市轨道交通的车站间距一般在 1~1.5 km 之间。例如北京地铁 1 号线，共设 23 站，站距最长的是古城站到苹果园站，约 2.6 km；站距最短的是南礼士路站到复兴门站，只有 424 m。线路全长为 30.44 km，平均站距为 1.38 km。

4.3.2　车站的分类

1. 按车站与地面的位置关系分类

按车站与地面的位置关系分类，车站可分为高架车站、地面车站、地下车站。

1）高架车站

高架车站的建筑主体和客运设备均沿立体高架线路布置在地面的上方。乘客进入车站前，必须借助电扶梯、楼梯等客运设施上升到车站高度；乘客离开车站时，必须借助电扶梯、电梯、楼梯等客运设施下降到地面。图4-16左图为高架车站的空间位置关系示意图，图4-16右图为武汉地铁古田一路站的高架车站。该车站位于解放大道与古田一路的交叉口，顺解放大道布置，车站为高架三层岛式站台，地面为解放大道主干道，上两层为车站站厅房屋。

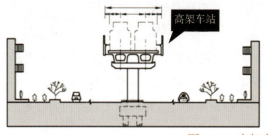

图4-16　高架车站

2）地面车站

地面车站是车站主体建筑和设备设施均设置在地面的车站。该车站的优点是乘客进出车站不需要垂直方向上的位移，比较便利，但缺点是占地较多，影响城市道路交通，所以在大都市中很少把城市轨道交通车站设置为地面站。

图4-17左图为地面车站的空间位置关系示意图，图4-17右图为城市轨道交通地面车站的照片。

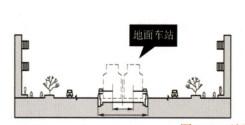

图4-17　地面车站

3）地下车站

地下车站是车站主体建筑和设备设施设置于地下的车站。乘客进站乘车前，必须借助电扶梯、楼梯等客运设施下降到车站站厅；乘客下车后，必须借助电扶梯、电梯、楼梯等客运设施上升到地面。虽然地下车站出入口的升降设施增加了客运组织工作的难度，但由于地下车站占用地面空间少，对周边环境影响小，因而在中心城区的城市轨道交通中广泛采用。

图4-18左图为地下车站的空间位置关系示意图，图4-18右图为地下车站出入口的现场照片。

图4-18　地下车站

2. 按站台形式分类

站台主要是供列车停靠、乘客候车及乘降车的区域。按站台与轨道线路的位置关系分类，车站可分为岛式站台车站、侧式站台车站和混合式站台车站。

1）岛式站台车站

此类车站的站台位于上、下行行车线路之间，候车区域在车站的中央，双向行车轨道在站台的两侧，乘客可在候车区域择乘不同方向的列车。其示意图如图 4-19 左、中图所示。

岛式站台是常见的一种站台形式，具有站台面积利用率高、能调剂客流、乘客中途改变乘车方向方便、车站管理集中、站台空间宽畅等优点，而且与站台相关的设备如电扶梯只需要购置一台，可节约投资，降低运营成本，因此常用于客流量较大的车站。图 4-19 右图是岛式站台车站的现场照片。

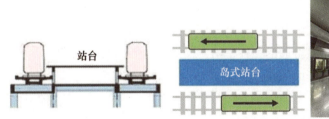

图4-19　岛式站台车站

2）侧式站台车站

此类车站的站台位于上、下行行车线路的两侧，列车行驶轨道位于站台之间，不同方向的候车站台分列轨道两侧，每个候车区对应一个乘车方向。其示意图如图 4-20 左、中图所示。

在侧式站台车站，上、下行乘客可避免相互干扰，正线和站线间不设喇叭口，造价低，改建容易，但其缺点是乘客进入站台层之前，需要选择正确的候车区，中途改变方向须经过地道或天桥，车站管理分散，客流不可调剂，站台面积利用率低，站台不够开阔。图 4-20 右图为侧式站台车站现场照片。

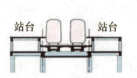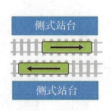

图4-20　侧式站台车站

3）混合式站台车站

将岛式站台及侧式站台设在同一个车站内，称为混合式站台车站。混合式站台可布置成一岛一侧式或一岛两侧式。图 4-21 左图为一岛一侧式，图 4-21 右图为一岛两侧式。

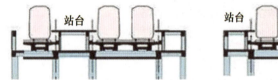

图4-21　混合式站台车站布置示意图

3. 按车站运营功能分类

按运营功能分，车站可分为终点站、中间站、折返站、换乘站。

1）终点站

终点站是线路端头车站，除了供乘客上、下车外，还用于列车折返、停留和临时检修。终点站一般设有停车线。

2）中间站

中间站是城市轨道交通系统中最普通的一种车站，仅供乘客上、下列车之用，功能比较单一。大多数城市轨道交通车站属于中间站。

3）折返站

折返站是供列车折返的车站。城市轨道交通一般将终点站作为折返站使用。在线路中间客流密度相差较大的中间站，也可提供列车折返功能，此类中间站一般都设有折返线。

4）换乘站

换乘站通常指位于两条或两条以上城市轨道交通线路交叉点上的车站。换乘站除了具备中间站的功能外，其最显著的特点是乘客可以从一条线路通过换乘设施转到另一条线路。

按换乘方式分，换乘站可分为站台直接换乘、站厅换乘和通道换乘 3 种。

① **站台直接换乘**　乘客在站台通过楼梯、自动扶梯等客运设施换乘到另一线路的站台。

② **站厅换乘**　乘客由某线路站台经楼梯、自动扶梯到达另一线路站厅付费区，再经楼梯、自动扶梯到达站台。

③ **通道换乘**　两个车站不直接相交，相互之间采用单独设置的换乘通道进行换乘。

4.3.3　车站建筑风格

城市轨道交通作为时代进步的产物，是在城市发展到一定阶段后产生的。在某种意义上，城市轨道交通车站作为城市发展的标志和城市文明的象征，已逐步成为城市形象的名片。车站建筑是城市轨道交通与城市外部空间直接或间接产生互动的"媒介点"，是推进周边地区体系发展的催化剂。

以北京地铁车站为例，其建筑及装饰朴素大方、坚固耐用，从形式到色彩变化各有特点，并与所在区域的地面建筑相协调。近年来车站建筑秉承"记忆历史文脉，彰显城市文化，突出地域标志"的理念，将古老的城市文化融入车站的建筑风格中。

5 号线的雍和宫站，立柱全部采用正红色，护栏全都采用汉白玉雕花制成。雕花护栏在错层之间一字排开，图案包括龙、牡丹等中国传统图案，透着一种藏传佛教的神秘和庄重之美，与雍和宫的风格保持一致。图 4-22 为雍和宫站。

10 号线北土城站，被誉为"最美青花瓷地铁站"，这里采用了体现中国文化的青花瓷图案作为装饰图案，屏蔽门上印满了中国古典元素的图案，这里一曲一折都别样风韵，所有的图案都是寥寥几笔，却能勾勒天地。图 4-23 为北土城站。

图4-22　雍和宫站　　　　　　　图4-23　北土城站

6 号线南锣鼓巷站，位于北京市保存最完整的四合院区，站内设计风格体现了老北京民居特色与风俗文化。站内装饰采用四合院的灰砖、檩条、砖雕等元素。内部装修是以灰色为主基调的北京传统民居胡同造型。站厅、站台墙壁装饰有以"城市记忆""时光绘印""南锣印象""北京·记忆"为题材的公共艺术设计作品。图 4-24 为南锣鼓巷站。

4 号线圆明园站，装修风格体现紧邻的圆明园遗址公园地区特色，站厅北侧墙壁上装饰有展示圆明园内大水法遗迹的石材浮雕，浮雕上标注有圆明园历史上建园、烧园、毁园三个纪年及圆明园四十景介绍。图 4-25 为圆明园站。

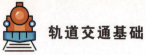

图4-24 南锣鼓巷站

图4-25 圆明园站

考核评价

1. 自我评价

自我评价从 4 方面进行，每项 10 分，共计 40 分。自我评价表如表 4-8 所示。

表4-8 自我评价表

序号	评价内容（每项10分）	得分	亮点
1	课前知识查阅、调研作业完成情况		
2	课前、课中与人协作表现		
3	对车站的间距、分类、建筑风格的掌握情况		
4	课前、课中学习态度表现		

2. 小组互评

5 个人一小组，小组内同学互评。小组互评从 3 方面进行，每项 10 分，共计 30 分。小组互评表如表 4-9 所示。

表4-9 小组互评表

序号	评价内容（每项10分）	得分	亮点
1	课中学习态度		
2	课中与人协作表现		
3	对车站的间距、分类、建筑风格的掌握情况		

3. 教师评价

教师评价从 3 方面进行，每项 10 分，共计 30 分。教师评价表如表 4-10 所示。

表4-10 教师评价表

序号	评价内容（每项10分）	得分	亮点
1	课前知识查阅、调研作业完成情况		
2	课中参与、与同学协作情况		
3	对车站的间距、分类、建筑风格的掌握情况		

教师建议：

第5章

轨道交通运输设备

运输设备是完成运输任务的重要设备，是用来运送旅客、装运货物或其他特殊物品的运载工具。本章我们来学习轨道交通运输设备的相关知识，希望能达到以下教学目标。

【知识目标】

1. 了解车辆的作用及分类。
2. 了解机车的分类及用途。
3. 掌握动车组的特点。

【能力目标】

1. 能正确说出轨道交通运输设备的类型及特点。
2. 熟悉机车、车辆的作用及主要车型。
3. 掌握动车组的主要车型、特点及应用情况。

5.1 车　辆

车辆用于运送旅客、装运货物或其他特殊物品。它一般没有动力装置，必须把车辆连挂成列，由机车牵引才能沿轨道线路运行。

5.1.1 车辆的分类

车辆按用途分为客车、货车及特种车三大类型。

1. 客车

客车可分为运送旅客、为旅客服务和特殊用途 3 种。

1）运送旅客的客车

（1）硬座车。

硬座车是旅客座位为半硬制品（如泡沫塑料）或木制品的座车，相对的两组座椅中心距离在 1 800 mm 以下。硬座车如图 5-1 所示。

图5-1　硬座车

（2）软座车。

软座车是旅客座位及靠垫设有弹簧装置的座车，相对的两组座椅中心距离在 1 800 mm 以上。软座车如图 5-2 所示。

图5-2　软座车

（3）硬卧车。

硬卧车的卧铺为三层，铺垫为半硬制品（如泡沫塑料）或木制品，卧室为敞开式或半敞开式。图 5-3 是敞开式硬卧车。

图5-3 敞开式硬卧车

（4）软卧车。

普通软卧车的卧铺为两层，铺垫有弹簧装置，卧室为封闭式单间，单间定员不超过 4 人，如图 5-4 所示。高级软卧车是一种特别的高级软卧车，每个包厢只拥有两名旅客。

图5-4 普通软卧车

（5）合造车。

合造车是一辆车上同时设有两种或两种以上用途的车内设备的车辆，如软硬座合造车、行李邮政合造车等。

（6）双层客车。

双层客车是设有上、下两层客室的座车或卧车，如图 5-5 所示。

图5-5 双层客车

（7）代用客车。

代用客车是用货车改装后代替客车使用的车辆，如代用座车、代用行李车等。

2）为旅客服务的客车

（1）餐车。

餐车是供旅客在旅行中就餐用的车辆，车内设有厨房、餐室、储藏室、小卖部等设备。餐车如图5-6所示。

图5-6　餐车

（2）行李车。

行李车是运输旅客行李及物品的车辆，如图5-7所示。

图5-7　行李车

3）特殊用途的客车

（1）邮政车。

邮政车是运输邮件使用的车辆，车内设有邮政间及邮政员办公室等设备，常固定编挂于旅客列车中。邮政车如图5-8所示。

图5-8　邮政车

（2）空调发电车。

空调发电车是专给集中供电的空调车供电的车辆，车内装有发电机、变压器等发电设备和值班人员办公室，运行时挂在列车尾端或者是最前端，一列车附挂一节。空调发电车如图 5-9 所示。

图5-9　空调发电车

（3）医疗车。

医疗车是到铁路沿线为铁路职工及家属进行巡回医疗使用的车辆，车内设有医疗设备、更衣室、手术室、卫生间等。医疗车如图 5-10 所示。

图5-10　医疗车

（4）维修车。

维修车是专供检查和维修铁道线路设备使用的车辆，车内设有必要的维修、检查装备。图 5-11 是铁路焊接作业车。

图5-11　铁路焊接作业车

（5）其他车。

① **卫生车**　专供运送伤病员使用的车辆，车内设有简单的医疗设备。

② **试验车**　供科学技术试验研究使用的车辆，车内设有试验仪器设备。

③ **文教车**　为沿线铁路职工进行文艺演出、文化教育和技术教育使用的车辆，车内设有必要的文娱和教育用器具及设备。

④ **宿营车**　供列车上乘务人员休息使用的车辆。

2. 货车

货车是运送货物的车辆，原则上编组在货物列车中使用。货车类型很多，按用途可分为通用货车和专用货车。

1）通用货车

通用货车可装载多种货物，主要有下列 3 种。

（1）敞车。

敞车的车体两侧及端部均设有 0.8 m 以上的固定墙板，无车顶，如图 5-12 所示。

图5-12　敞车

敞车主要用以装运散粒货物，如煤、焦炭等；也可装运木材、集装箱等无须严格防止湿损的货物；还可加盖篷布，运输怕湿损的货物，以及装运重量不大的机械设备。因此，敞车具有很大的通用性。

（2）棚车。

棚车设有车顶、侧墙、端墙和门窗（如图 5-13 所示），用以装运各种需防止湿损、日晒或散失的货物，如布匹、粮食等。除运货外，大部分棚车还可以临时代替客车运送旅客。

图5-13 棚车

（3）平板车。

平板车的承载面是一个平面，主要用于装运大型机械、集装箱、钢材、大型建材、机器、设备、汽车、拖拉机等。有的平板车还设有可向下翻倒的活动矮侧墙和端墙，用来装运矿石、砂土等块粒状货物。平板车如图 5-14 所示。

图5-14 平板车

2）专用货车

专用货车是专供运送特定种类货物的车辆，主要有如下 13 种。

（1）罐车。

罐车是设有圆筒形罐体，专用于装载液体、液化气体或粉状货物的车辆，如图 5-15 所示。按货物品种可分为轻油罐车、黏油罐车、沥青罐车、食油罐车、水罐车、化工品罐车、粉状货物罐车、液化气罐车等。按卸货方式可分为上卸式罐车和下卸式罐车等。

图5-15 罐车

（2）保温车。

保温车的车体设有隔热材料，车内设有降温和加温设备，主要用以装运易腐货物，如鱼、肉、水果等，也可装运对温度有特殊要求的货物。根据保温设备的不同，保温车可分为加冰冷藏车、机械冷藏车和冷藏加温车等。保温车如图 5-16 所示。

图5-16 保温车

（3）煤车。

煤车的车体与敞车相似，有固定的端墙、侧墙和卸货用的特殊车门，如底开、横开或漏斗式车门等，主要用以运送煤炭。平底的煤车也可以作敞车用。煤车如图 5-17 所示。

图5-17　煤车

（4）矿石车。

车体有固定的侧墙、端墙和卸货用的特殊车门，主要用以运送各种矿石、矿粉。有的整个车体能借液压或空气压力的作用向任一侧倾斜，并自动开启侧门，把货物倾倒出来。

（5）砂石车。

砂石车又称低边车，有固定高度不足 0.8 m 的侧端墙，以防止过载，主要用于运送砂土、碎石等货物。

（6）长大货物车。

特长和特重货物无法用一般的铁路货车来装运，必须使用专门的长大货物车。长大货物车的车体长度在 19 m 以上，无墙板，载重 70 t 以上。有的车体中部凹下或设有落下孔，便于装载高大货物；有的将车辆分为两节，运货时将货物夹持和悬挂在两节车之间或通过专门支架跨装于两节车上，称为钳夹车或双联平车，用以装运体积特别庞大的货物。图 5-18 所示是早期的 D_{22} 型长大货物车。

图5-18　D_{22}型长大货物车

（7）通风车。

通风车的车体与棚车相似，但侧墙设有百叶窗、顶棚设有通风口等通风设备，既能从车外大量流入新鲜空气，又能防止雨水侵入车内，用以运送鲜果、蔬菜等货物，也可运送一般货物。

（8）家畜车。

家畜车的车体与棚车相似，设有通风设备、给水设备、押运人员乘坐空间及饲料堆放间，有的还装有饲料槽，用以运送牛、马、猪等活家畜。根据运送家畜大小的不同，车体内还可加装隔板分层。家畜车如图5-19所示。

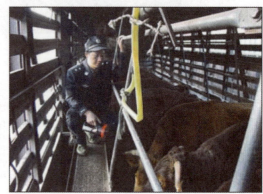

图5-19 家畜车

（9）水泥车。

水泥车的车体为圆柱形罐体，上部有装入水泥的舱孔，下部有漏斗式底开门，是专供运送散装水泥的车辆。还有一种气卸式水泥车，下部设有引进压缩空气的进风口及卸货口，压缩空气与水泥混合后由卸货口通过卸货软管输入存储水泥的库中。使用散装水泥车，可节约大量包装材料及工时。

（10）活鱼车。

活鱼车是运送鱼苗及活鱼用的车辆。车内设有水槽、注排水装置、水泵等循环水流装置、通风口、百叶窗及加温装置等设备。

（11）集装箱车。

集装箱车是车体上设有固定集装箱的设备、用以装运集装箱的车辆。

（12）漏斗车。

漏斗车是车体上设有一个或数个带盖或不带盖的具有一定斜坡的装货斗的车辆。通常借货物的自重从漏斗口卸货。

（13）毒品车。

毒品车是专供运送有毒物品的车辆，如运输农药等。

3. 特种车

特种车是具有特殊用途的车辆，主要有下列4种。

1）救援车

当线路上发生事故或有大的障碍物时，前去抢修的列车称为救援车。救援车由起重吊车、修理车、工具车、宿营车及工程材料车等组成，并配备一定数量的救援人员。救援车通常停放于指定车站，发生事故时，可随时前往事故地点进行抢修，其工作现场如图 5-20 所示。

图5-20　救援车工作现场

2）检衡车

检衡车是用于检测轨道衡性能的车辆，设有砝码，或同时设有操作机器，如图 5-21 所示。

图5-21　检衡车

3）除雪车

除雪车供扫除轨道上积雪之用。车上装有专门的扫雪装置，一般由机车推动前进，如图 5-22 所示。

图5-22　除雪车

4）发电车

发电车是设有动力机械驱动的发电设备的车辆。有单节的，也有由发电车、机修车及发电人员生活用车等合编成的电站式车列，称为电站车组。发电车可用作铁路线上流动的发电站，供缺电处所用电。

此外，还有轨道检查车、轨道探伤车、隧道摄影车、限界检查车、锅炉车等特殊用途的车辆。

5.1.2　车辆的基本构造

近年来，随着科技的进步和需求的变化，车辆的外形开始有了改变，尤其是客车车厢不再是清一色的老面孔，但是它们的基本构造并没有重大的改变，只是具体的零部件有了更科学、先进的结构设计。

车辆的种类虽多，构造却大同小异。从基本结构看，车辆一般均由以下5部分组成：车体、走行部（转向架）、车钩缓冲装置、制动装置和车内设备。

1. 车体

车体是车辆最重要的组成部件之一，坐落在走行部转向架上。车体既是容纳旅客、装载货物及整备品等的地方，又是安装与连接其他4个组成部分的基础，几乎所有的机械、电气、电子设备都安装在车体的上部、内部及下部。车体主要由底架、侧墙、车顶等部分组成。其中，底架是承托车体的长方形构架，是车体的基础。车体如图 5-23 所示。

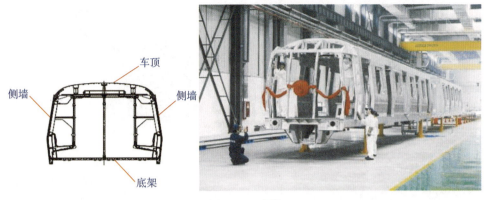

图5-23　车体

2. 走行部

走行部是车辆最重要的组成部件之一，是承受车辆自重和载重并引导车辆沿轨道行驶的装置。为保证车辆运行质量，走行部大多采用转向架的结构形式。转向架一般由构架、轮对、悬挂系统、减振装置、传动装置等组成。走行部如图 5-24 所示。

图5-24　走行部

走行部的作用如下：

① **承载**　支承车体，承受并传递从车体至轮对之间，或从轮轨至车体之间的各种载荷及作用力，并使轴重均匀分配；

② **牵引**　充分利用轮轨之间的黏着力，牵引车辆前行；

③ **转向**　保证车辆安全运行，并顺利地通过曲线段；

④ **缓冲**　装有弹簧减振装置，能够缓和车辆的冲击和振动，提高车辆运行的平稳性；

⑤ **制动**　产生必要的制动力，使车辆在规定的距离内减速或停车。

3. 车钩缓冲装置

车钩缓冲装置由车钩及缓冲器等部件组成，装在底架两端，其作用是将车辆与车辆、车辆与机车连挂到一起，形成车列，并传递纵向牵引力和冲击力，缓和车辆间的动力作用。车钩缓冲装置如图 5-25 所示。

图5-25　车钩缓冲装置

4. 制动装置

制动装置是保证列车安全运行的最重要部分，它的作用是人为地制止列车的运动，包括使它减速、不加速或停止运行，使高速运行中的车辆能于规定距离之内停车或减速。制动装置一般包括制动缸、闸瓦和基础制动装置部分。制动装置如图 5-26 所示。

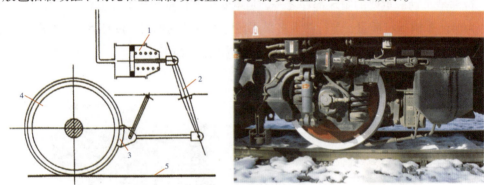

1—制动缸；2—基础制动装置；3—闸瓦；4—车轮；5—钢轨

图5-26　制动装置

5. 车内设备

车内设备主要指客车上为旅客旅行所提供的设备，如客车上的座席、卧铺、行李架、给水、取暖、空调、通风、车电等装置。货车由于类型不同，内部设备也因此千差万别，但一般较为简单。

5.1.3　车辆的运用与检修

1. 车辆的运用

车辆运用管理是为了给轨道运输提供质量良好的客货车辆而进行的车辆管理和维修工作，是轨道交通运营工作的重要内容之一。

车辆运用管理的基层单位是车辆段。车辆段在负责管理的区段内设置客车技术整备所、列车检修所、站修所等。

1）车辆段

车辆段按专业分工可分为客车车辆段、货车车辆段、客货车混合车辆段和机械保温车车辆段。车辆段除负责客货车的段修外，还领导管界内客车技术整备所、列车检修所、站修所等进行客货车的辅修、轴检等检修工作。

2）客车技术整备所

客车技术整备所简称客车整备所，又称库列检，是客车日常维修保养的基地，通常设在客车的始发站和终到站。

3）列车检修所

列车检修所是对通过列车进行技术检查和维修的单位，分为旅客列车检修所和货物列车检修所。

4）站修所

站修所是对货车进行辅修、轴检和摘车临修的单位。

2. 车辆的检修

车辆是一种数量很多的运输工具，运用条件十分复杂，在运行中不可避免地会发生磨耗、裂纹、折损、变形、松弛及腐蚀等损伤。损伤的发生和发展，最直接的后果是降低了车辆的运用性能，最终导致车辆不能继续使用。

车辆检修工作的中心任务，是及时发现和消除车辆零部件在运用中产生的不良状态，以恢复其正常的运用性能，保证铁路客货运输工作不间断地进行。

目前，我国车辆的检修制度是以"计划预防修为主、状态修为辅"的计划预防性检修制度，即在计划预防修的前提下，逐步扩大实施状态修、换件修和主要零部件的专业化集中修。

计划预防性检修制度分为定期检修和日常维修两大类。

1）定期检修

定期检修是车辆每运用一定时间（或里程）对车辆的全部和部分零件进行一定程度的检修。在车辆发生故障之前就对其进行修理，消除车辆零部件的缺陷和隐患，预防故障的发生。定期检修分以下3种：

① 厂修　一般在车辆工厂施行，按规定应对车辆的各部装置进行全面分解检查、彻底修理，并进行必要的技术改造工作；

② 段修　在车辆段施行，其主要任务是分解检查车辆的转向架、车钩缓冲装置及制动装置等部件，检查并修理车辆（包括车体及其附属装置）的故障，保证各装置作用良好，防止行车事故发生，以提高车辆的使用效率，修竣后应涂打段修标记；

③ 辅修　辅修主要是对制动装置和轴箱油润部分施行检修，并对其他部分做辅助性修理。客车辅修是利用库停时间不摘车修理，货车辅修则在修车库或专用修车线（站修线）施行。

2）日常维修

日常维修又称日常保养，其基本任务是保证在运用中的车辆具有良好的技术状态，及时发现和处理车辆中发生的一切故障，保证行车安全。

①货车的日常维修在铁路沿线的列车检修所进行，对到达、始发和中转的货物列车进行技术检查。发现故障时，能在列车队中修复的应及时修复。

②客车的日常维修主要在库列检，充分运用客车在库内停留的时间，认真检查，彻底修理，消除故障，维护质量，以保证列车在往返运行区间不会因车辆故障发生晚点事故。

③城市轨道交通车辆的日常维修在车辆段进行。

考核评价

1. 自我评价

自我评价从 4 方面进行，每项 10 分，共计 40 分。自我评价表如表 5-1 所示。

表5-1　自我评价表

序号	评价内容（每项 10 分）	得分	亮点
1	课前知识查阅、调研作业完成情况		
2	课前、课中与人协作表现		
3	对各类车辆的特点及用途的掌握情况		
4	课前、课中学习态度表现		

2. 小组互评

5 个人一小组，小组内同学互评。小组互评从 3 方面进行，每项 10 分，共计 30 分。小组互评表如表 5-2 所示。

表5-2　小组互评表

序号	评价内容（每项 10 分）	得分	亮点
1	课中学习态度		
2	课中与人协作表现		
3	对各类车辆的特点及用途的掌握情况		

3. 教师评价

教师评价从 3 方面进行，每项 10 分，共计 30 分。教师评价表如表 5-3 所示。

表5-3　教师评价表

序号	评价内容（每项 10 分）	得分	亮点
1	课前知识查阅、调研作业完成情况		
2	课中参与、与同学协作情况		
3	对各类车辆的特点及用途的掌握情况		

教师建议：

5.2 机 车

机车是牵引或推送车辆运行，而本身不装载营业载荷的自推进车辆，俗称火车头。在铁路线路上运行的传统火车，大都是由机车牵引多节车辆运行的。

按机车的牵引动力分类，机车分为内燃机车、电力机车和蒸汽机车。

1. 蒸汽机车

蒸汽机车是在19世纪最先出现的机车，它利用蒸汽机，把燃料（一般用煤）的化学能变成热能，再变成机械能，从而使机车运行。

蒸汽机车以蒸汽机作为牵引动力来源，为自带能源式机车。图5-27是我国早期的解放型蒸汽机车。

图5-27 解放型蒸汽机车

蒸汽机车现已淘汰，只有少数留在铁路博物馆内供参观。

2. 内燃机车

内燃机车以内燃机作为牵引动力来源，通过传动装置驱动车轮运行。图5-28所示是DF_{8B}型内燃机车，属于我国干线货运用重载内燃机车。

在我国铁路上采用的内燃机绝大多数是柴油机车，以柴油为燃料。内燃机车的优点如下：

① 自带动力，不受外部断电的影响；

② 可以在所有的铁路线上运行。

内燃机车的缺点如下：

① 污染重，运行时产生废气；

② 噪声大，运行时产生很大的噪声；

③ 速度慢，由于柴油机车自携很重的内燃机引擎，以及燃油，因此，内燃机车速度慢；

④ 爬坡能力弱，适于平原运行。

图5-28 DF$_{8B}$型内燃机车

3. 电力机车

电力机车是指以电动机作为牵引动力来源，通过传动装置驱动车轮运行的机车。电力机车需要从供电网中获取电能，再通过电动机驱动机车行驶。图 5-29 所示是 HX$_D$1 型电力机车，用于时速 200 km 的干线客运。

图5-29 HX$_D$1型电力机车

电力机车具有以下优点：

① 功率大；

② 过载能力强；

③ 牵引力大；

④ 速度快；

⑤ 整备作业时间短；

⑥ 维修量少；

⑦ 运营费用低；

⑧ 便于实现多机牵引；

⑨ 能采用再生制动；

⑩ 节约能量。

使用电力机车牵引车列，可以提高列车运行速度和承载重量，从而大幅度地提高铁路的运输能力和通过能力。

考核评价

1. 自我评价

自我评价从 4 方面进行，每项 10 分，共计 40 分。自我评价表如表 5-4 所示。

表5-4　自我评价表

序号	评价内容（每项 10 分）	得分	亮点
1	课前知识查阅、调研作业完成情况		
2	课前、课中与人协作表现		
3	对各类机车的特点及用途的掌握情况		
4	课前、课中学习态度表现		

2. 小组互评

5 个人一小组，小组内同学互评。小组互评从 3 方面进行，每项 10 分，共计 30 分。小组互评表如表 5-5 所示。

表5-5　小组互评表

序号	评价内容（每项 10 分）	得分	亮点
1	课中学习态度		
2	课中与人协作表现		
3	对各类机车的特点及用途的掌握情况		

3. 教师评价

教师评价从 3 方面进行，每项 10 分，共计 30 分。教师评价表如表 5-6 所示。

表5-6　教师评价表

序号	评价内容（每项 10 分）	得分	亮点
1	课前知识查阅、调研作业完成情况		
2	课中参与、与同学协作情况		
3	对各类机车的特点及用途的掌握情况		

教师建议：

5.3 动 车 组

动车组是当今世界高新技术的集成，采用了机械、材料、电子计算机、网络通信、工程仿真等领域的最新技术，采用了高速轮轨关系、大功率牵引、制动控制、列车运行控制、空气动力学工程、可靠性与安全性技术等铁路专业领域的最新重大成果，是高速铁路的标志性装备。

5.3.1 认识动车组

动车组即多动力列车组合，通常由至少两节带牵引力的车厢和若干节不带牵引力的车厢共同组成，带动力的车厢叫动车，不带动力的车厢叫拖车。

根据车辆功能不同，动车组车辆分为以下 3 种：

① **动车** 转向架上装有牵引电机，提供动力；

② **拖车** 转向架上没有装牵引电机，不提供动力；

③ **带驾驶功能的拖车** 转向架上没有装牵引电机，不提供动力，具有驾驶室。

1. 动车组的优点

① 动车组在两端都有驾驶室，列车掉头容易，省却调车时间，减少车务人员的工作量，提高了安全性。

② 动车组容易组合成长短不同的列车。因为动车组运转快、占地小，有些地方的动车组会先编组成一列，到中途的车站分开成数节，分别开向不同的目的地，典型代表是德国 ICE2 高速列车。

③ 列车中一节动车的牵引动力发生故障，对全列车的牵引指标影响不大。

2. 动车组的分类

1）按速度分类

动车组按照运行速度不同可分为以下 3 个等级：

① **高速动车组** 高速动车组时速在不同时代标准不同，在我国时速不低于 250 km，标号为 G，分为 250 级、350 级、380 级、400 级等，主要用于高速铁路；

② **中速动车组** 中速动车组的时速介于 160 km 到 250 km 之间，标号为 D，有 160 级、200 级和 250 级等；

③ **低速动车组** 低速动车组时速不高于 160 km，有 80 级、100 级、120 级和 140 级等，主要用于低级市域快铁和低级城际铁路。

目前，我国高速铁路主要用高速动车组 G 而兼行一般动车组 D，快速铁路如丹大快速铁路主要用一般动车组 D 而兼行普通列车。

2）按照动力源分类

按照动力源分类，动车组主要分为以下两种：

① **内燃动车组**　以柴油引擎驱动的动力集中式铁路列车；

② **电力动车组**　以电力驱动的动力分散式铁路列车。

5.3.2　动车组的动力配置

动车组由至少两节带牵引力的车厢（简称动车）和若干节不带牵引力的车厢（简称拖车）共同组成。根据列车中动车编组的数量和所处的位置不同，动车组分为两种形式，即动力集中型和动力分散型。

1. 动力集中型

动车组编组中两端为动车（或一端为动车、另一端为控制车）、中间为拖车的配置，称为动力集中型配置。动力集中型配置中的一辆动车就是一个完整的动力单元，与传统的机车相似，其动力配置示意图如图 5-30 所示。

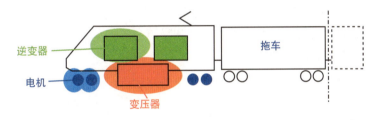

图5-30　动力集中型动力配置示意图

1）动力集中型动车组的优点

① 与传统的列车相似，便于我们按习惯进行运用管理和维修管理。

② 故障相对较高的电气设备、机械设备集中在头车，运用中便于监测和进行技术保养，这些设备的工作环境也较清洁。

③ 机械、电气设备与载客车厢隔离，车厢内噪声、振动较小。

④ 动力头车可以摘挂。

2）动力集中型动车组的缺点

① 动力头车不能载客，相对减少了载客量。

② 动力头车集中了全部动力设备，减轻设备重量比较困难。

2. 动力分散型

动车组编组中的车辆全部为动车，或大部分为动车、小部分为拖车，称为动力分散型配置，其配置示意图如图 5-31 所示。

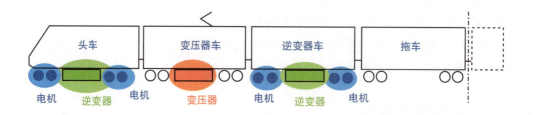

图5-31　动力分散型动力配置示意图

动力分散型配置通常由二辆或二辆以上车辆组成一个动力单元，可将变压器和逆变器放在不同车上，使列车轴重比较均匀。我国的电力动车组多采用动力分散型动力配置。

1）动力分散型动车组的优点

①动力车同时可以载客，增加了动车组的载客量。

②列车具有较好的制动性能。

③较易实现高速列车减轻轴重的要求。

2）动力分散型动车组的缺点

①车辆下部吊装动力设备，其产生的振动和噪声会影响车厢内的舒适度。

②分散的动力设备故障率相对较高。

③列车只能分单元编组，不能驶入非电气化铁路运行。

5.3.3　我国的动车组

我国于20世纪90年代开始研发动车组。至今发展历程大体上可分为三个阶段：自主研发动车组阶段；引进国外先进动车组，消化吸收阶段；创新发展引领阶段。

1. 自主研发动车组阶段

这个阶段研制出多款内燃动车组和电力动车组。

1）内燃动车组

这一时期研制的内燃动车组主要包括DMU型双层内燃动车组、"新曙光"号准高速双层内燃动车组。

（1）首列双层内燃动车组。

图5-32是中国首列DMU型双层内燃动车组，由唐山机车车辆厂于1998年自行开发研制成功。该动车组采用2动4拖（M+4T+M）6辆固定编组方式，首尾为动车，起动时一拉一推。中间4节为拖车，其中3节为硬座车，一节为软硬座合造车。这种动力集中型内燃动车组具有结构简单、安全可靠、起动平稳、加速快、成本低、方便快捷等特点，是一种理想的中、短途轨道运输工具。

图5-32　中国首列DMU型双层内燃动车组

（2）"新曙光"号准高速双层内燃动车组。

"新曙光"号准高速双层内燃动车组（如图 5-33 所示）于 1999 年 8 月由戚墅堰机车车辆厂和南京浦镇车辆厂联合研制成功，并于当年 10 月在沪宁线上投入商业运营。该动车组为 2 动 9 拖 11 节固定编组，首尾 2 节为动车，中间 9 节为拖车。这种动力集中型内燃动车组最大运营速度为 180 km/h，总定员为 1 140 人。

图5-33　"新曙光"号准高速双层内燃动车组

2）电力动车组

这一时期研制的电力动车组主要包括"春城"号动车组、"先锋"号交流传动动车组、"中原之星"交流传动动车组、"中华之星"高速动车组等。

（1）"春城"号动车组。

图 5-34 是中国首列商业运营的电力动车组"春城"号，该动车组采用动力分散型交直传动方式，以一动一拖为一个动力单元，一列 6 辆编组，既具有普通旅客列车所无法比拟的灵活编组、机动开行的优点，又具有公路交通工具无法比拟的速度快、运量大、效率高、投资省、安全性好的优点，为最佳的城际交通工具之一。

图5-34　"春城"号动车组

（2）"先锋"号交流传动动车组。

"先锋"号交流传动动车组（如图 5-35 所示）是我国首列交流传动动力分散型电力动车组，设计编组为 4 动 2 拖（4M+2T）固定编组，每 3 辆车组成一个单元。2007 年 7 月 7 日起到 2009 年 9 月 30 日担当经由达成铁路、遂渝铁路运行的成渝（成都—重庆北）城际特快列车。

图5-35　"先锋"号交流传动动车组

（3）"中原之星"交流传动动车组。

"中原之星"交流传动动车组（如图 5-36 所示）由株洲电力机车厂、青岛四方机车车辆股份有限公司、株洲电力机车研究所、郑州铁路局联合研制生产。该动车组为动力分散型、交流传动电力动车组；采用 4 动 2 拖（4M+2T）固定编组，包括 2 辆软座车、4 辆硬座车，最高运营时速 160 km，适用于中、短途快速旅客运输。

图5-36　"中原之星"交流传动动车组

（4）"中华之星"高速动车组。

"中华之星"高速动车组（如图5-37所示）是我国自行设计、拥有自主知识产权的动力集中型高速电力动车组，计时速为270 km，采用2动9拖的11辆编组方式，动车编组在头部和尾部，以前拉后推的方式推挽运行。

图5-37　"中华之星"高速电动车组

2. 引进国外先进动车组，消化吸收阶段

这一阶段的主要动车组是和谐号动车组。

和谐号动车组通常指的是2007年4月18日起在中国铁路第六次大提速调图后开行的CRH电力动车组列车。CRH（China railways high-speed）中文意为"中国高速铁路"，是中国铁路总公司对中国高速铁路系统建立的品牌名称。和谐号动车组共有CRH_1、CRH_2、CRH_3、CRH_5、CRH_6、CRH380几个系列。

1）CRH_1型电力动车组

CRH_1型电力动车组，是铁道部为进行中国铁路第六次大提速于2004年起向庞巴迪运输和青岛四方庞巴迪铁路运输设备有限公司订购的CRH系列高速电力动车组车款之一。

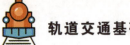
图 5-38 是 CRH₁A 型电力动车组，全列 8 节，5 节动车 3 节拖车，最高运营时速 250 km，运行于广深铁路、广珠城轨、海南东环铁路、甬台温铁路、福厦铁路、温福铁路、沪杭铁路、福厦铁路、龙厦铁路、遂渝铁路、达成铁路、成绵乐客运专线等。

图5-38　CRH₁A型电力动车组

2）CRH₂ 型电力动车组

CRH₂ 型电力动车组是铁道部为进行中国铁路第六次大提速及建造中的高速客运专线铁路，向川崎重工及中国南车集团四方机车车辆股份有限公司订购的高速列车车款之一，属于动力分散型交流传动电力动车组，采用了铝合金空心型材车体。

图 5-39 为 CRH₂A 型电力动车组，最高运营时速 250 km，列车编组方式为全列 8 节，4 节动车 4 节拖车，运行于京沪铁路、京哈铁路、京广铁路、陇海铁路、沪昆铁路、杭深铁路、武九铁路等线路。

图5-39　CRH₂A型电力动车组

3）CRH₃型电力动车组

CRH₃型电力动车组是铁道部为营运新建的高速城际铁路及客运专线而向德国西门子公司和中国北车集团唐山轨道客车有限责任公司订购的 CRH 系列高速动车组。

图 5-40 为 CRH₃C 型电力动车组，最高运营时速 350 km，列车编组方式为全列 8 节，4 节动车 4 节拖车，主要用于京津城际铁路和武广高铁。

图5-40　CRH₃C型电力动车组

4）CRH₅型电力动车组

CRH₅型电力动车组是铁道部为进行中国铁路第六次大提速而向法国阿尔斯通和中国北车集团长春轨道客车股份有限公司订购的 CRH 系列高速动车组车款之一。

图 5-41 为 CRH₅A 型电力动车组，最高运营时速 250 km，列车编组方式为全列 8 节，5 节动车 3 节拖车，主要运行于京广高速铁路、石太客运专线、大西客运专线、哈大高速铁路、兰新铁路第二双线等。

图5-41　CRH₅A型电力动车组

5）CRH$_6$型电力动车组

CRH$_6$型电力动车组是为满足城际轨道交通的需求而研制的一种新型运输工具，起到衔接高铁、快铁和城轨的纽带作用，兼备高速列车和轻轨列车的部分优势。

CRH$_6$型电力动车组采用6辆、8辆、16辆、20辆编组，有时速200 km的CRH$_6$A、时速160 km的CRH$_6$F和时速140 km的CRH$_6$S，均为动力分散、交—直—交传动电力动车组，图5-42为CRH$_6$A型电力动车组，主要用于中短途城市之间、区域城郊之间的通勤和商旅，最高运营时速200 km。

图5-42　CRH$_6$A型电力动车组

6）CRH380型电力动车组

CRH380型电力动车组是铁道部为营运新建的高速城际铁路及客运专线而自主研发的动力分散式、交流传动CRH系列高速电力动车组，车体采用了铝合金空心型材。

图5-43为CRH380A型动车组，其持续运营时速380 km，最高运营时速468 km，最高试验时速486 km以上。

图5-43　CRH380A型电力动车组

3. 创新发展引领阶段

这一阶段的典型动车组是复兴号动车组。

复兴号动车组列车由中国铁路总公司牵头组织研制，我国具有完全自主知识产权，达到动车组列车的世界先进水平。

复兴号动车组列车的英文代号为 CR（China railway），高于 CRH 系列，共有 3 个级别：

① **CR400** 最高时速 400 km，持续时速 350 km；

② **CR300** 最高时速 300 km，持续时速 250 km；

③ **CR200** 最高时速 200 km，持续时速 160 km。

这几种列车分别适应于高速铁路（高铁）、快速铁路（快铁）、城际铁路（城铁）。

"复兴号"于 2017 年 6 月 26 日 11 时 05 分在京沪高铁两端的北京南站和上海虹桥站双向首发，一个形似"飞龙"，一个神似"金凤"，分别担当 G123 次和 G124 次高速列车，它们共同迎来了一个时代——中国标准动车组时代。其中，中车青岛四方机车车辆股份有限公司生产的 CR400 复兴号列车为"蓝海豚"，命名为 CR400AF；中车长春轨道客车股份有限公司生产的复兴号列车为"金凤凰"，被命名为 CR400BF，如图 5-44 所示。

图5-44 复兴号动车组列车"蓝海豚"和"金凤凰"

考核评价

1. 自我评价

自我评价从 4 方面进行，每项 10 分，共计 40 分。自我评价表如表 5-7 所示。

表5-7　自我评价表

序号	评价内容（每项10分）	得分	亮点
1	课前知识查阅、调研作业完成情况		
2	课前、课中与人协作表现		
3	对各类动车组的特点及用途的掌握情况		
4	课前、课中学习态度表现		

2. 小组互评

5 个人一小组，小组内同学互评。小组互评从 3 方面进行，每项 10 分，共计 30 分。小组互评表如表 5-8 所示。

表5-8　小组互评表

序号	评价内容（每项10分）	得分	亮点
1	课中学习态度		
2	课中与人协作表现		
3	对各类动车组的特点及用途的掌握情况		

3. 教师评价

教师评价从 3 方面进行，每项 10 分，共计 30 分。教师评价表如表 5-9 所示。

表5-9　教师评价表

序号	评价内容（每项10分）	得分	亮点
1	课前知识查阅、调研作业完成情况		
2	课中参与、与同学协作情况		
3	对各类动车组的特点及用途的掌握情况		

教师建议：

第6章

轨道交通供电系统

轨道交通供电系统是轨道交通工程中重要的系统之一，是电气化铁路的动力源泉，担负着为轨道列车电动牵引系统供电和为车站、区间、车辆段、控制中心等其他建筑物提供动力、照明用电的重要任务。

本章中，首先介绍轨道交通系统获取电能过程，然后介绍牵引变电系统及其主要供电设备、供电方式。通过本章的学习，希望能达到以下教学目标。

【知识目标】

1. 了解轨道交通从电力系统获取电能的过程。
2. 熟悉轨道交通供电系统的功能。
3. 掌握轨道交通供电系统的主要供电设备及功能。

【能力目标】

1. 了解轨道交通从电力系统获取电能的过程。
2. 熟记轨道交通供电系统的工作过程。
3. 能正确说出电气化铁路三大元件的功能。

6.1　轨道交通从电力系统获取电能的过程

电气化铁路，是以电能作为牵引动力的一种现代化交通运输设备。由于它的牵引动力是电能，所以又称电力牵引。电力牵引相比蒸汽牵引和内燃牵引，总功率大且机车自身重量相对较小，具有起动和加速快、过载能力强、牵引力大的特点，还能综合利用能源，是目前轨道交通运输的一种主要牵引形式。

由于电力机车本身不带能源，所以必须从电力系统获取电能。轨道交通从电力系统获取电能的过程如下：

①发电厂发出的电能，需要先在升压变电站升压，变成 110 kV 或 220 kV 高压电能；

②通过高压输电线将高压电能送到铁路沿线的牵引变电所；

③在牵引变电所里通过变压器把电流变换成电力机车所要求的电流或电压；

④从牵引变电所把电能输送到邻近区间或站场线路的牵引网；

⑤通过电力机车的受流器从牵引网的接触轨或架空接触网获取电能，给电力机车供电。

轨道交通获取电能的过程示意图如图 6-1 所示。

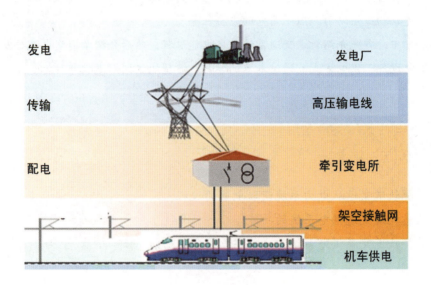

图6-1　轨道交通获取电能的过程示意图

从图 6-1 可看出，电气化铁路上空架设有电缆。电力机车通过车顶升起的受电弓从架空电缆获取电能，驱动电力机车的牵引电机转动，驱驶列车行驶。

6.2　牵引供电系统

由于电力机车本身不带能源，必须由外部供给电能，因此电气化铁路是由电力机车和牵引供电装置组成的。牵引供电装置一般包括牵引变电所和牵引网两部分，所以，人们又将电力机车、牵引变电所和牵引网称为电气化铁路的"三大元件"。

6.2.1　牵引供电系统的定义

将电能从电力系统传送到电力机车的电力设备，总称为电气化铁路的牵引供电系统。

6.2.2　牵引供电系统的组成

牵引供电系统主要由牵引变电所和牵引网两部分组成，如图6-2所示。牵引变电系统的主要任务是保证质量良好地、不间断地向机车或动车组供电。

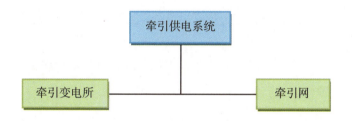

图6-2　牵引供电系统的构成

6.2.3　牵引供电系统的电流制

我国国标和国际电工技术委员会（IEC）对牵引网电压制式的规定是一致的，具体如下。

1）电气化铁路供电

电气化铁路采用工频单相交流制供电，牵引网额定电压为 25 kV，额定频率为 50 Hz。牵引网的允许电压范围为 20~29 kV。

2）城市轨道交通供电

城市轨道交通的牵引供电网络的标称电压有两种：

① DC 750 V　允许电压波动范围为 500~900 V；

② DC 1 500 V　允许电压波动范围为 1 000~1 800 V。

考核评价

1. 自我评价

自我评价从 4 方面进行，每项 10 分，共计 40 分。自我评价表如表 6-1 所示。

表6-1　自我评价表

序号	评价内容（每项10分）	得分	亮点
1	课前知识查阅、调研作业完成情况		
2	课前、课中与人协作表现		
3	对轨道交通获取电能过程的掌握情况		
4	课前、课中学习态度表现		

2. 小组互评

5 个人一小组，小组内同学互评。小组互评从 3 方面进行，每项 10 分，共计 30 分。小组互评表如表 6-2 所示。

表6-2　小组互评表

序号	评价内容（每项10分）	得分	亮点
1	课中学习态度		
2	课中与人协作表现		
3	对轨道交通获取电能过程的掌握情况		

3. 教师评价

教师评价从 3 方面进行，每项 10 分，共计 30 分。教师评价表如表 6-3 所示。

表6-3　教师评价表

序号	评价内容（每项10分）	得分	亮点
1	课前知识查阅、调研作业完成情况		
2	课中参与、与同学协作情况		
3	对轨道交通获取电能过程的掌握情况		

教师建议：

6.3　牵引变电所

由于电气化铁路的牵引动力是电力机车，电力机车本身不带能源，因而必须在电气化铁路沿线设置一套完善的、不间断供电的设备，这就是牵引变电所。

一条电气化铁路的沿线设有多个牵引变电所，相邻牵引变电所之间的距离为 40~50 km。

6.3.1　牵引变电所的作用

牵引变电所是指将发电厂经高压输电线送来的电能变换成机车车辆所需的电压，并分送到接触网或接触轨的场所。牵引变电所的外景如图 6-3 所示。牵引变电所的主要设备有：

① 用于变换电压的变压器；

② 用于接收和分配电能的配电装置；

③ 用于控制和保护的开关。

图6-3　牵引变电所的外景

牵引变电所是电气化铁路的心脏，它的首要任务是通过设置在所内的变压器将中、高压电能变成适合电力机车使用的电能，然后通过配电装置沿着轨道线路上架空的接触网或沿轨道铺设的接触轨，为电力机车供电。例如，对于电气化铁路，牵引变电所输出的是 25 kV/50 Hz 的工频单相交流电；对于城市轨道交通，牵引变电所输出的是 750 V 或 1 500 V 的直流电。

6.3.2　牵引变电所向牵引网的供电方式

牵引变电所沿着电气化铁路分布，每一个牵引变电所有一定的供电范围。因此牵引变电所向牵引网的供电方式，主要依据牵引变电所的分布情况、供电长度、线路情况及供电的可靠性而定。通常，牵引变电所向牵引网供电主要有以下 3 种形式。

1. 单边供电

将牵引变电所之间的接触网分成两个供电分区，每一个分区只能从一端的牵引变电所获得电能，其示意图如图 6-4 所示。

1—牵引变电所

图6-4　单边供电示意图

当某一供电分区的接触网出现故障时，只影响本供电分区，不影响其他分区，从而缩小故障范围。目前我国单线电气化铁路多采用单边供电。

2. 上、下行并联供电

在双线电气化区段的供电臂末端设分区所，将上、下行接触网通过断路器并联供电，其示意图如图 6-5 所示。

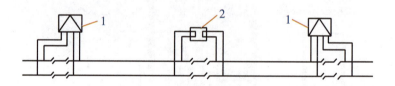

1—牵引变电所；2—分区所

图6-5　上、下行并联供电示意图

这种供电方式的优点是：能均衡上、下行供电臂的电流，降低接触网损耗，提高供电水平。我国双线铁路大都采用这种供电方式。

3. 双边供电

当分区所的断路器闭合，使电路连通，两个供电分区可以同时从两个方向的牵引变电所获得电能，称为双边供电。

双边供电可以提高接触网电压，使整个供电范围内接触网电压水平有较大提高，并降低接触网中的电能损耗。其缺点是一旦某处发生故障，影响范围要扩大到两个分区，所以目前较少采用。

考核评价

1. 自我评价

自我评价从 4 方面进行，每项 10 分，共计 40 分。自我评价表如表 6-4 所示。

表6-4　自我评价表

序号	评价内容（每项 10 分）	得分	亮点
1	课前知识查阅、调研作业完成情况		
2	课前、课中与人协作表现		
3	对牵引变电所的作用及其向牵引网供电方式的掌握情况		
4	课前、课中学习态度表现		

2. 小组互评

5 个人一小组，小组内同学互评。小组互评从 3 方面进行，每项 10 分，共计 30 分。小组互评表如表 6-5 所示。

表6-5　小组互评表

序号	评价内容（每项 10 分）	得分	亮点
1	课中学习态度		
2	课中与人协作表现		
3	对牵引变电所的作用及其向牵引网供电方式的掌握情况		

3. 教师评价

教师评价从 3 方面进行，每项 10 分，共计 30 分。教师评价表如表 6-6 所示。

表6-6　教师评价表

序号	评价内容（每项 10 分）	得分	亮点
1	课前知识查阅、调研作业完成情况		
2	课中参与、与同学协作情况		
3	对牵引变电所的作用及其向牵引网供电方式的掌握情况		

教师建议：

6.4　牵　引　网

牵引网是牵引供电系统的主动脉，其功能是通过接触网与受电弓在运行中的良好接触，将电能传给电力机车。

6.4.1　牵引网的构成

牵引网由接触网、馈电线、轨道回路和回流线组成。

1. 接触网

接触网分为架空式接触网和接触轨两种类型。接触轨一般用于净空受限的地下电力牵引，架空式接触网用于城市地面或地下、铁路干线的电力牵引。目前在我国的城市轨道交通系统中，接触轨和架空式接触网都有采用，高铁和普通电气化铁路系统中则采用架空式接触网。

1）架空式接触网

架空式接触网是电气化铁路上的主要供电装置，它直接在轨道线路的上方露天敷设，其功能是：通过其接触导线与位于电力机车顶部的受电弓的滑动接触，把电能输送给电力机车，向电力机车提供合格的电压，同时减少电气化铁路对邻近通信线路的干扰。架空式接触网如图6-6所示。

图6-6　架空式接触网

对于电气化铁路，接触网上的电为 25 kV/50 Hz 的工频单相交流电；对于城市轨道交通，接触网上的电为 750 V 或 1 500 V 的直流电。

2）接触轨

接触轨，又称第三轨，简称三轨。接触轨一般安装在线路行车方向的左侧，沿轨道线路敷设（如图6-7所示），通过与安装在电力机车转向架上的集电靴接触，将电能传输到电力牵引车辆上。

接触轨

图6-7 轨道交通的接触轨

接触轨一般采用低碳钢或钢铝复合材料制造，目前主要用于城市轨道交通。比如，北京地铁1号线、北京地铁2号线、北京地铁复八线、武汉地铁一期、天津地铁一期、广州地铁4号线等所用的接触轨就属于此类。接触轨上的电为1 500 V的直流电。

2. 馈电线

馈电线是连接牵引变电所与接触网的铝绞线，一般采用大截面积的钢芯铝绞线，其功能是从牵引变电所向接触网供电。一般情况下，馈电线为架空导线，只有在环境不允许的情况下才使用地下电缆。

3. 轨道回路

在电气化铁路上，电气化区段的走行轨能连续导电。走行轨除用作列车导轨之外，还兼作牵引回流的导线，用于完成回流的任务，因此，走行轨是牵引电路的组成部分，也称为轨道回路，如图6-8所示。

轨道回路

图6-8 兼作轨道回路的走行轨

4. 回流线

回流线是连接轨道回路与牵引变电所的导线，它的作用是把轨道回路内的牵引电流吸回牵引变电所。回流线一般是先由架空线引到轨道线路附近，然后改用地下电缆接到轨道回路上。

6.4.2　牵引供电系统的供电过程

电流从牵引变电所馈出，经馈电线送到接触网，然后电力机车通过受电弓从接触网获得电能，再经由轨道回路和回流线回到牵引变电所，整个供电过程如图6-9所示。

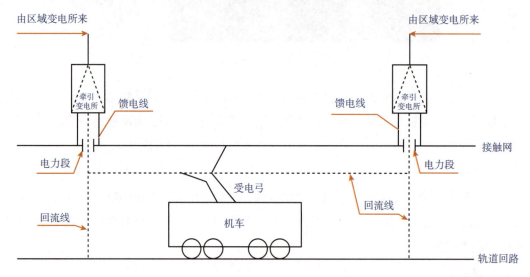

图6-9　牵引供电系统的供电过程

6.4.3　架空式接触网向电力机车供电的方式

目前，架空式接触网向电力机车供电有3种方式，即直接供电方式、带回流线的直接供电方式和自耦变压器供电方式。

1）直接供电方式

直接供电方式是在牵引网中不加特殊防护措施的供电方式。它将一根馈电线接在接触线（T）上，另一根馈电线接在钢轨（R）上，如图6-10所示。

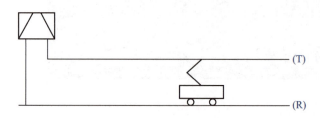

图6-10　直接供电方式

这种供电方式的供电距离单线一般为30 km左右，双线一般为25 km左右。其主要优点如下：

　　① 简单；

　　② 投资少；

　　③ 牵引网阻抗小，能耗也较低。

这种供电方式的最大缺点是对沿线的通信线路产生干扰，这主要是因为电气化铁路是单相负荷，机车由接触网取得电流，经钢轨流回牵引变电所，由于钢轨与大地是不绝缘的，一部分回流由钢轨流入大地，导致通信线路受影响。

　　2）带回流线的直接供电方式

带回流线的直接供电方式是在接触网支柱上架设一条与钢轨并联的回流线（NF），图6-11 所示，利用接触网与回流线之间的互感作用，使钢轨中的电流尽可能地由回流线流回牵引变电所，因而能部分抵消接触网对邻近通信线路的干扰。

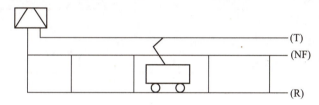

图6-11　带回流线的直接供电方式

目前，这种供电方式在我国的电气化铁路上得到了广泛应用。

　　3）自耦变压器供电方式

自耦变压器供电方式，又称 AT 供电方式，它每隔 10 km 左右在接触网（T）与正馈线（F）之间并联接入一台自耦变压器，自耦变压器的中性点与钢轨（R）相连，如图 6-12 所示。

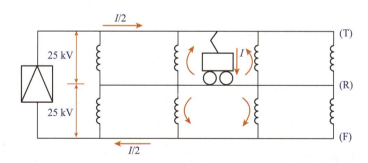

图6-12　自耦变压器供电方式

这种供电方式的牵引网阻抗很小，因此具有以下优点：

　　① 电压损失小，电能损耗低，供电能力大；

　　② 对邻近的通信线路干扰小；

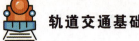
③ 供电距离长，可达 40~50 km。

其缺点是牵引变电所和牵引网比较复杂，加大了电气化铁路自身的投资。

考核评价

1. 自我评价

自我评价从 4 方面进行，每项 10 分，共计 40 分。自我评价表如表 6-7 所示。

表6-7　自我评价表

序号	评价内容（每项10分）	得分	亮点
1	课前知识查阅、调研作业完成情况		
2	课前、课中与人协作表现		
3	对轨道交通牵引网的构成及供电过程的掌握情况		
4	课前、课中学习态度表现		

2. 小组互评

5 个人一小组，小组内同学互评。小组互评从 3 方面进行，每项 10 分，共计 30 分。小组互评表如表 6-8 所示。

表6-8　小组互评表

序号	评价内容（每项10分）	得分	亮点
1	课中学习态度		
2	课中与人协作表现		
3	对轨道交通牵引网的构成及供电过程的掌握情况		

3. 教师评价

教师评价从 3 方面进行，每项 10 分，共计 30 分。教师评价表如表 6-9 所示。

表6-9　教师评价表

序号	评价内容（每项10分）	得分	亮点
1	课前知识查阅、调研作业完成情况		
2	课中参与、与同学协作情况		
3	对轨道交通牵引网的构成及供电过程的掌握情况		

教师建议：

6.5 受 流 器

受流器是电力机车从接触网获取电流的电气装置。

接触网是牵引供电系统的重要组成部分，起到电能传输的作用，而电力机车的运行还必须经过受流器从接触网取流，为其提供动力来源。本节对轨道交通受流器进行简要介绍。

轨道交通接触网主要分接触轨和架空式接触网两种。相应地，受流器也分为两种：一种为集电靴，主要针对接触轨受流；另一种为受电弓，主要针对架空式接触网受流。

6.5.1　受电弓

受电弓是电力机车从架空式接触网取得电能的设备，安装在电力机车的车顶上，通过与接触网上接触导线的滑动摩擦，将来自牵引变电所的电能传递给电力机车的牵引电机，如图6-13所示。

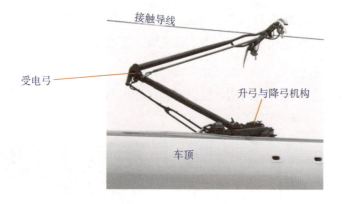

图6-13　受电弓与接触导线

接触导线是架空式接触网中直接与机车受电弓做摩擦运动传递电能的线材，它能对机车受流性能的好坏产生至关重要的影响。电气化铁路对接触导线的基本要求如下：

① 机械强度高；

② 单位质量尽量小；

③ 导电性能良好；

④ 良好的耐磨、耐腐蚀性能；

⑤ 使用寿命长；

⑥ 摩擦性能与受电弓滑板相匹配。

6.5.2　集电靴

集电靴，又称取流靴，是城市轨道交通列车从第三轨取电的集电装置。集电靴安装于车辆转向架构架两侧靠车辆外侧中部的位置。它在使用时放下，不用时收起。列车的集电靴如图 6-14 所示。

图6-14　列车的集电靴

为了保证良好取流，集电靴与第三轨之间的接触压力应保持在 98~196 N 的范围内。根据集电靴与接触轨的接触方式不同，分为上部受流、下部受流和侧部受流三种。

1. 上部受流

上部受流为接触轨正放，轨面朝上固定安装在专用绝缘子上，受流器滑板从上压向接触轨顶面受流，如图 6-15 所示。

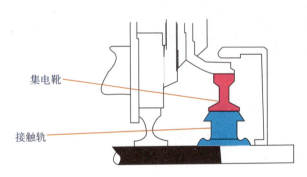

图6-15　上部受流

上部受流方式的优点：结构简单，设备费、维护费和更新费低。我国北京地铁 1 号、2 号、4 号、5 号、10 号、13 号线和八通线采用上部受流方式。

2. 下部受流

下部受流方式为接触轨倒放，通过绝缘肩架、橡胶垫、扣板收紧螺栓、支架等安装在转向底座上。集电靴通过与接触轨的下底面接触获取电能，如图 6-16 所示。

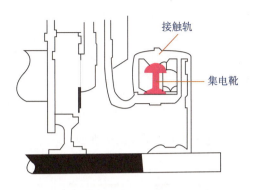

接触轨

集电靴

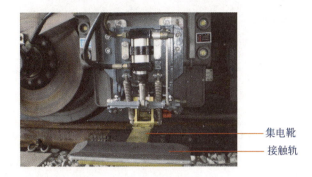

集电靴
接触轨

图6-16　下部受流

下部受流方式的优点：

① 接触轨的安装高度及水平方向均可做适当调整，不需要设计多种高度的零部件就可以满足实际要求；

② 下部受流方式防护罩从上部通过橡胶垫直接固定在接触轨周围，对人员安全性好；

③ 下部受流方式遮挡雨雪、避免尘屑的条件优于上部受流方式，能较好地确保牵引网系统的安全可靠运行。

下部受流方式的缺点：相对于上部受流方式而言，结构较复杂，设备费、维护费和更新费用较高。我国武汉地铁及俄罗斯的莫斯科地铁采用下部受流方式。

3. 侧部受流

侧部受流方式为接触轨侧放，接触轨轨头端面朝向走行轨，集电靴从侧面受流。侧部受流方式是近年来新开发的一种接触轨悬挂方式，一般被跨座式单轨系统采用，其受流器装在转向架下部，接触轨装在轨道梁上，如图 6-17 所示。

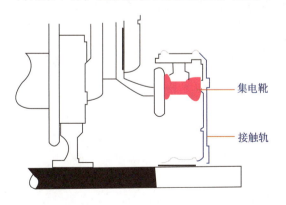

集电靴

接触轨

图6-17　采用侧部受流方式的跨座式单轨交通

考核评价

1. 自我评价

自我评价从 4 方面进行，每项 10 分，共计 40 分。自我评价表如表 6-10 所示。

表6-10 自我评价表

序号	评价内容（每项 10 分）	得分	亮点
1	课前知识查阅、调研作业完成情况		
2	课前、课中与人协作表现		
3	对两类受流器工作特点的掌握情况		
4	课前、课中学习态度表现		

2. 小组互评

5 个人一小组，小组内同学互评。小组互评从 3 方面进行，每项 10 分，共计 30 分。小组互评表如表 6-11 所示。

表6-11 小组互评表

序号	评价内容（每项 10 分）	得分	亮点
1	课中学习态度		
2	课中与人协作表现		
3	对两类受流器工作特点的掌握情况		

3. 教师评价

教师评价从 3 方面进行，每项 10 分，共计 30 分。教师评价表如表 6-12 所示。

表6-12 教师评价表

序号	评价内容（每项 10 分）	得分	亮点
1	课前知识查阅、调研作业完成情况		
2	课中参与、与同学协作情况		
3	对两类受流器工作特点的掌握情况		

教师建议：

第 7 章

轨道交通信号系统

轨道交通信号系统是轨道运输的基础设施,是实现轨道交通统一指挥调度、保证列车运行安全、提高运输效率和质量的关键技术设备,也是铁路信息化技术的重要技术领域,被称作轨道交通的千里眼、顺风耳。

本章介绍轨道交通信号系统的作用、特点、关键组成要素及工作原理。通过本章的学习,希望达到以下教学目标。

【知识目标】

1. 了解轨道交通信号系统的作用。

2. 了解轨道交通信号系统的工作原理。

3. 熟悉高铁和城铁的信号系统。

【能力目标】

1. 能正确说出轨道交通信号系统的作用。

2. 能正确说出轨道交通信号系统的工作原理。

3. 了解高铁、城铁信号系统的差异。

7.1　认识轨道交通信号系统

7.1.1　轨道交通信号的作用

轨道交通信号是指以标志物、灯具、仪表和音响等向行车人员传送机车车辆运行条件、行车设备状态和行车有关指示的技术与设备，其主要作用如下：

① 保证列车运行安全；

② 提高运输效率；

③ 降低运输成本；

④ 改善行车人员的劳动条件。

7.1.2　轨道交通信号的分类

轨道交通信号按感官接受方式分为视觉信号、听觉信号。

1. 视觉信号

视觉信号是以物体或灯光的颜色、形状、位置、数目或数码显示等特征表达的信号，如用信号机、机车信号、信号旗、信号灯、信号牌、信号表示器、信号标志及火炬等显示的信号都是视觉信号。图 7-1 中，左图为信号旗，右图为停车牌。

图7-1　视觉信号

2. 听觉信号

听觉信号是以不同器具发出音响的强度、频率和音响的长短等表达的信号，如用号角、口笛、响墩发出的音响，以及机车、轨道车鸣笛等发出的信号，都是听觉信号。

7.1.3　轨道交通信号的颜色

轨道交通信号通常用不同的颜色显示其含义。我国轨道交通信号的显示颜色由基本颜色和辅助颜色组成。

基本颜色有红色、黄色和绿色三种，其基本含义如下：

①红色——停车；

②黄色——注意或减速运行；

③绿色——按规定速度运行。

辅助颜色主要有月白色、蓝色、透明白色、紫色。月白色和蓝色主要用于调车信号，分别表示允许调车和禁止调车。透明白色用于信号表示器，紫色仅用于道岔表示器。

7.1.4　轨道交通信号设备

轨道交通信号设备主要分为以下 3 大类。

1. 信号机

信号机的原始形式是手灯、手旗、明火、声笛等，现代信号机主要有进、出站信号机，通过信号机，进路信号机，驼峰信号机，调车信号机，防护信号机，减速信号机和停车信号机等，以及其他复示信号机等辅助性信号机。图 7-2 左图所示为高柱信号机，右图所示为矮型信号机。

图7-2　信号机

2. 信号标志

信号标志主要有预告标、站界标（如图 7-3 左图所示）、警冲标（如图 7-3 中图所示）、鸣笛标、作业标、预告标（如图 7-3 右图所示）、减速地点标及机车停止位置标等。

图7-3　信号标志

3. 表示器

表示器的作用是补充说明信号的意义，主要有发车表示器、发车线路表示器、进路表示器、调车表示器、道岔表示器（如图7-4左图所示）、车挡表示器（如图7-4右图所示）等。

图7-4　信号表示器

7.1.5　轨道交通信号系统的发展历程

轨道交通信号系统的发展经过了如下5个阶段。

1. 地面人工信号

铁路自19世纪诞生以来，人们就非常重视安全运行问题，因为列车具有自重大、轮轨摩擦力小、列车制动距离长这一特点，非常容易发生撞车等交通事故。

最早的保障列车运行安全的做法是：只在白天行车，且一条线路上只有一列列车来回运行，所以不必考虑列车相撞的问题。

随着铁路运行线路不断增长，车站增多，运行列车增多。为防止列车相撞，在线路旁安装各种信号设备，由信号工检查线路情况，判断是否存在冲突，操纵路旁信号设备，通过灯光的数目和颜色等视觉信号或听觉信号给司机以各种运行条件的指示，提醒司机采取相应的措施，以免发生列车正面冲突和追尾事故。早期人工信号如图7-5所示。

图7-5　早期人工信号

2. 地面自动信号

1872 年，美国人鲁宾孙发明了轨道电路，实现了列车占用状态的自动检查。与此同时，由继电器作为基本器件的逻辑电路也逐渐成熟。包含轨道电路、信号机控制电路及道岔表示电路的继电逻辑电路，不仅可以根据轨道占用情况，自动控制防护该轨道区段的信号机显示状态，还可以完成复杂的联锁逻辑处理，代替机械式联锁器件实现信号、轨道、道岔的联锁关系，于是出现了自动控制的地面信号机。

自动地面信号的出现，在车站实现了继电联锁控制，在区间实现了半自动闭塞或自动闭塞，极大地减轻了信号工的工作负担，如图 7-6 所示。

图7-6　自动地面信号

3. 机车信号

地面信号机的缺点是只能在固定地点向司机提供地面视觉信号，受自然环境（如雾、风沙、大雨等）的影响及地形的限制，司机往往不能在规定的距离及时看到前方信号机的信号显示，因而有冒进信号的危险。

为将列车运行前方所接近信号机的显示情况及时通告司机，发明了机车信号，如图7-7所示。机车信号设备将地面信号所表征的限速信息通过技术手段引入司机室，使司机能够在任何条件下从容地驾驶列车，且当前方信号为禁止信号时及时采取制动措施，进一步提高了列车运行的效率和安全程度。

图7-7　机车信号

4. 自动停车装置

无论地面信号还是机车信号，都只能通过信号显示向司机传递限速信息，提醒司机按照规定的限速驾驶列车，而无法代替司机控制列车。因此，人们又研制了列车自动停车设备（automatic train stop，ATS）。其功能是在固定地点，当地面信号的"禁止命令"未被司机接受时，就自动实施紧急制动，强迫列车停车。

5. 自动列车防护系统

自动停车装置的缺点是只能在固定点起作用。随着高密度、大运量的铁路运输业的蓬勃发展，对信号系统提出了更高的要求。需要信号系统能够根据地面线路信息、前方危险点位置和列车当前的运行状态（列车速度、位置、列车制动性能等）实时向司机显示列车运行的允许速度，自动监督列车运行，一旦列车运行速度超过允许速度，可自动实施常用制动或紧急制动，确保行车安全。这种实时地连续监督列车运行速度、防护行车安全的信号系统被称为自动列车防护系统。

考核评价

1. 自我评价

自我评价从 4 方面进行，每项 10 分，共计 40 分。自我评价表如表 7-1 所示。

表7-1　自我评价表

序号	评价内容（每项 10 分）	得分	亮点
1	课前知识查阅、调研作业完成情况		
2	课前、课中与人协作表现		
3	对信号系统作用、分类、发展历程的掌握情况		
4	课前、课中学习态度表现		

2. 小组互评

5 个人一个组，小组内同学互评。小组互评从 3 方面进行，每项 10 分，共计 30 分。小组互评表如表 7-2 所示。

表7-2　小组互评表

序号	评价内容（每项 10 分）	得分	亮点
1	课中学习态度		
2	课中与人协作表现		
3	对信号系统作用、分类、发展历程的掌握情况		

3. 教师评价

教师评价从 3 方面进行，每项 10 分，共计 30 分。教师评价表如表 7-3 所示。

表7-3　教师评价表

序号	评价内容（每项 10 分）	得分	亮点
1	课前知识查阅、调研作业完成情况		
2	课中参与、与同学协作情况		
3	对信号系统作用、分类、发展历程的掌握情况		

教师建议：

7.2　信号系统的工作原理

7.2.1　车站的列车进路选择——进路控制

1. 基本概念

① **进路**　在车站，列车在站内行驶或进行调车作业时，其走行的路径称为进路。

② **联锁** 进路是由道岔的位置决定的，在进路的入口处设有信号机进行防护。道岔开通位置不同，可以排出不同的进路。一旦出现差错，就有可能使列车进错线路或发生脱轨的危险。因此，为了保证行车安全，并提高其运输效率，必须在信号机、道岔和进路之间建立一种相互制约的关系，我们称这种制约关系为联锁。

③ **进路控制** 要想保证列车在站内安全运行，就必须保证列车运行路径的安全。当列车准备进入进路时，必须将进路中处于解锁状态的道岔锁闭，然后使防护进路的始端信号机开放"允许"灯光，然后让列车通过进路。当列车通过进路之后，又必须将该进路中的道岔解除锁闭，将进路始端的"允许"信号机关闭，以便于排列其他进路。我们把这种将进路由空闲状态转换为锁闭状态，又将其由锁闭状态转换为空闲状态的控制过程，称为进路控制。

2. 进路控制过程

从进路控制的基本概念可以看出，进路控制过程分为建立进路和解锁进路两个阶段。

1）建立进路

建立进路，指从发出进路建立命令到进路锁闭、防护信号机开放这一阶段。进路建立过程可分为以下五个阶段：

① **操作阶段** 操作人员按压进路的始、终端按钮以确定进路的范围、方向和性质；

② **选路阶段** 根据操作阶段所确定的进路范围，自动选出参与进路的信号机、与进路有关的道岔及其在进路中的位置、进路中所涉及的区段等；

③ **道岔转换阶段** 将选路阶段选出的道岔自动转换到进路所要求的位置；

④ **进路锁闭阶段** 道岔转换完毕，确认道岔位置正确后，将进路上的道岔和敌对进路（包括迎面敌对进路）予以锁闭，以确保行车安全；

⑤ **开放信号阶段** 进路锁闭后，信号开放，指示列车可以驶入进路。

2）解锁进路

解锁进路指将已被锁闭的道岔和进路予以解锁。进路解锁过程可分为两种情况：

（1）列车未驶入进路。

① 当列车未进入接近区段且未进入进路时，可以采用取消进路方式使进路解锁。办理取消进路手续后，首先使进路的防护信号自动关闭，然后使进路自动解锁。

② 如果列车已经进入接近区段但未进入进路，则必须采用人工延时解锁方式来使进路解锁。办理人工延时解锁进路手续后，首先使进路的防护信号自动关闭，然后开始延时，延时结束后如果列车未进入进路，则进路自动解锁，若延时过程中列车压入进路，则不能解锁，须按列车驶入进路处理。

（2）列车驶入进路。

当列车驶入进路后，根据进路中设备是否能自动解锁，有两种解锁方式，即正常解锁和故障解锁。

① **正常解锁**　在进路中信号设备工作正常的情况下，随着列车的前行，列车后方的区段将自动分段解锁，直到整条进路自动解锁。

② **故障解锁**　列车通过进路时，进路中部分信号设备出现故障，进路中部分区段不能正常解锁，此时必须通过人工办理故障解锁方式来使没有解锁的轨道电路区段解锁。

7.2.2　区间列车追踪运行——行车闭塞

1.基本概念

信号系统的基本功能之一就是行车间隔控制，通过把轨道线路划分为若干个区间，在同一时间，每个区间只允许一列列车进入，从而使前行列车与追踪列车之间保持一定距离，把列车分隔在两个空间之内，从而有效地防止列车追尾和正面冲突。通过使用信号或凭证，来保证列车按照空间间隔制运行的技术方法，叫作闭塞行车法，简称闭塞。

2.闭塞的分类

从闭塞的发展过程和实现方式分，闭塞可分为人工闭塞、半自动闭塞、自动闭塞。

1）人工闭塞

人工闭塞以电气路签或路牌作为列车占用区间的凭证，由接车站值班员检查区间是否空闲。由于这种方法在交接凭证和检查区间状态时都要依靠人工完成，难以避免人员失误，因此这种闭塞方法一般不再使用。

2）半自动闭塞

半自动闭塞需要人工办理闭塞手续，列车凭信号显示发车后，出站信号机自动关闭。其特征为：

① 站间或所间只准走行一列列车；

② 人工办理闭塞手续；

③ 人工确认列车完整到达；

④ 人工恢复闭塞。

3）自动闭塞

自动闭塞根据列车运行及轨道占用检查到的有关闭塞分区的状态，自动变换通过信号机的显示，而司机凭信号显示行车。

自动闭塞是目前轨道交通系统常用的闭塞方法，按闭塞分区确定方式的不同，分为固定闭塞、准移动闭塞和移动闭塞三类。

（1）固定闭塞方式。

固定闭塞是将一个区间划分为若干固定的闭塞分区，在每个闭塞分区的起点设通过信号机，用以防护该闭塞分区。同一时间，一个闭塞分区只允许一列列车占用。图 7-8 所示为固定闭塞原理示意图。

图7-8 固定闭塞原理示意图

（2）准移动闭塞方式。

准移动闭塞方式仍采用固定长度的闭塞分区，但其追踪目标点是前车所占用闭塞分区的始端，当然会留有一定的安全距离，而后车从最高速度开始制动的计算点是根据目标距离、目标速度及列车本身的性能计算出来的。其追踪运行间隔要比固定闭塞小一些，其闭塞原理示意图如图 7-9 所示。

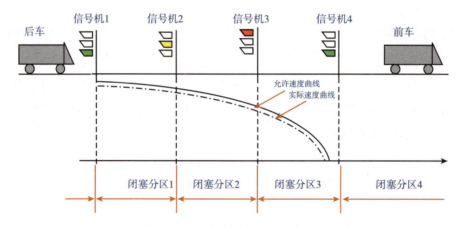

图7-9 准移动闭塞原理示意图

（3）移动闭塞方式。

移动闭塞方式不需要将区间划分成若干固定的闭塞分区，而是在两个列车之间自动调整运行间隔，使之保持一定的安全距离，其闭塞原理示意图如图 7-10 所示。

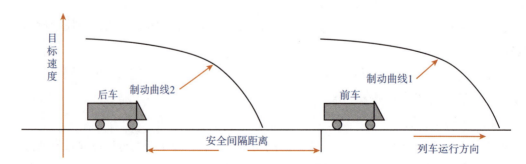

图 7-10 移动闭塞原理示意图

7.2.3　超速防护

超速防护技术是指在列车运行中通过车载设备实时监控列车速度，一旦列车速度超过当前允许速度，则自动实施制动，使列车减速或在危险点前方停车。

正常情况下，安装了自动列车防护车载设备的列车仍然由司机驾驶，只是司机必须按照列车控制系统给出的允许速度行车，否则将自动对列车施加干预（制动），这就有效消除了列车运行中司机误操作或失去警惕导致的安全隐患，大大提高轨道交通系统的安全性。

考核评价

1. 自我评价

自我评价从 4 方面进行，每项 10 分，共计 40 分。自我评价表如表 7-4 所示。

表7-4　自我评价表

序号	评价内容（每项 10 分）	得分	亮点
1	课前知识查阅、调研作业完成情况		
2	课前、课中与人协作表现		
3	对进路控制、行车闭塞、超速防护的掌握情况		
4	课前、课中学习态度表现		

2. 小组互评

5 个人一个组，小组内同学互评。小组互评从 3 方面进行，每项 10 分，共计 30 分。小组互评表如表 7-5 所示。

表7-5　小组互评表

序号	评价内容（每项 10 分）	得分	亮点
1	课中学习态度		
2	课中与人协作表现		
3	对进路控制、行车闭塞、超速防护的掌握情况		

3. 教师评价

教师评价从 3 方面进行，每项 10 分，共计 30 分。教师评价表如表 7-6 所示。

表7-6　教师评价表

序号	评价内容（每项 10 分）	得分	亮点
1	课前知识查阅、调研作业完成情况		
2	课中参与、与同学协作情况		
3	对进路控制、行车闭塞、超速防护的掌握情况		

教师建议：

7.3　高速铁路信号系统

高速铁路信号系统是指挥高速列车运行、保证列车安全、提高运输效率的主要技术设备。因此，世界各国发展高速铁路，都十分重视行车安全及其相关支持系统的研究与开发。

7.3.1　高速铁路信号系统与普通铁路的区别

普通铁路信号系统包括铁路信号、车站联锁和区间闭塞，7.2 节已进行过介绍。

高速铁路列车运行时速达到 200 km 以上，其紧急制动距离只有 4 km，所以留给司机的反应时间 1 min 左右。此时，普通铁路以地面信号为主体信号的自动闭塞制式已经不能保证列车安全。为此，每条高速铁路线路都设置有调度中心，由调度中心统一指挥全线列车运行，并采用列车运行自动控制系统（ATC）来自动完成闭塞功能，ATC 系统具有以下特点：

① 以车载信号为行车凭证；

② 直接向司机提供速度命令；

③ 直接控制列车运行。

7.3.2　高速铁路信号系统的特点

① 采用列车运行自动控制系统（ATC）。

② 每一条高速铁路都建有调度中心，由调度员统一指挥全线列车运行。

③ 在车站及区间信号室附近设置车次号核查等列车–地面信息传递设备，对列车实际位置进行确认，这是由调度中心指挥列车运行所必需的基础设备。

④ 通信系统承载业务以数据为主，辅以语音和图像，对信息传递的实时性、安全性、可靠性要求更高。

⑤ 在高速列车运行时，不允许在线路上进行施工及维修作业。

7.3.3　高速铁路信号系统的组成

高速铁路信号系统主要由计算机联锁子系统、列车运行控制子系统和调度集中子系统组成，如图 7–11 所示。

图7–11　高速铁路信号系统的组成

1. 计算机连锁子系统

计算机连锁子系统是保证车站内行车安全、提高车站通过能力的一种信号设备，是信号系统的安全核心。

计算机连锁子系统能在 ATS 系统的操作下实现站内道岔、信号机、轨道电路之间的连锁控制，能根据行车计划适时建立列车安全进路，为列车提供进出站和站内行车的安全进路。

2. 列车运行控制子系统

列车运行控制子系统是保证列车安全、快速运行的系统，其主要作用是完成列车的间隔控制和速度控制。

列车运行控制子系统能根据列车在铁路线路上运行的客观条件和实际情况，如线路允许速度、前行列车位置和速度、追踪列车的行车速度、安全行车间隔等，对列车运行速度和制动方式等状态进行监督、控制和调整。

3. 调度集中子系统

调度集中子系统是调度中心对某一区段内的信号设备进行集中控制，对列车运行进行直接指挥、管理的技术装备，用于提高行车调度的自动化程度，为铁路运输提供安全和效率的保证，从而充分运用线路的通过能力，提高劳动生产率和改善劳动条件。

通过调度集中子系统，行车调度员可以在调度中心集中控制和监视所管辖区段内各车站的信号设备，统一指挥列车运行。

另外，高速铁路通信系统还包括一些附属子系统，如诊断与服务子系统、微机监测子系统、灾害信息处理子系统、通信网络子系统、培训子系统等。

高速铁路的信号设备主要布置在调度中心、车站、区间列控中心、线路旁和动车组内。其结构示意图如图 7-12 所示。

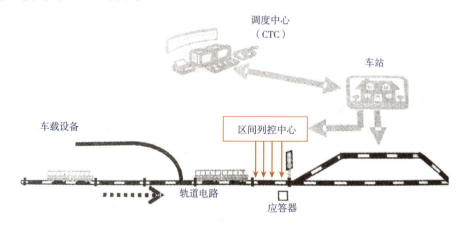

图7-12　高速铁路信号系统结构示意图

考核评价

1. 自我评价

自我评价从 4 方面进行，每项 10 分，共计 40 分。自我评价表如表 7-7 所示。

表7-7　自我评价表

序号	评价内容（每项 10 分）	得分	亮点
1	课前知识查阅、调研作业完成情况		
2	课前、课中与人协作表现		
3	对高速铁路信号系统特点的掌握情况		
4	课前、课中学习态度表现		

2. 小组互评

5 个人一小组，小组内同学互评。小组互评从 3 方面进行，每项 10 分，共计 30 分。小组互评表如表 7-8 所示。

表7-8　小组互评表

序号	评价内容（每项 10 分）	得分	亮点
1	课中学习态度		
2	课中与人协作表现		
3	对高速铁路信号系统特点的掌握情况		

3. 教师评价

教师评价从 3 方面进行，每项 10 分，共计 30 分。教师评价表如表 7-9 所示。

表7-9　教师评价表

序号	评价内容（每项 10 分）	得分	亮点
1	课前知识查阅、调研作业完成情况		
2	课中参与、与同学协作情况		
3	对高速铁路信号系统特点的掌握情况		

教师建议：

7.4　城市轨道交通信号系统

城市轨道交通信号系统的发展经历了多次革命性的变革。目前，列车自动控制系统（ATC）是城市轨道交通系统中最重要的信号系统，该系统具有控制列车安全运行并提高行车效率的作用。

7.4.1　ATC 系统的组成

ATC 系统是将先进的控制技术、通信技术、计算机技术与轨道交通信号技术融为一体的具有行车指挥、控制、管理功能的自动化系统。它是保障轨道交通行车安全、提高运输效率的核心。ATC 系统能替代司机的部分甚至全部作用，大大地提高行车的效率和安全性，使得因人为疏忽、设备故障而产生的事故率降至最低。

ATC 系统包括三个子系统：

① 列车自动监控子系统（ATS）：组织和指挥行车；

② 列车自动防护子系统（ATP）：监督、控制列车运行，确保行车安全；

③ 列车自动运行子系统（ATO）：根据 ATS 子系统的指令，实现自动行车。

三个子系统通过信息交换网络构成闭环系统，实现地面控制与车上控制结合、现地控制与中央控制结合，构成一个以安全设备为基础，集行车指挥、运行调整、列车驾驶自动化等功能为一体的列车自动控制系统。

7.4.2　ATC 系统的信号设备

ATC 系统的信号设备包括地面设备与车载设备两部分。

① **地面设备**　生成并传递列车控制所需要的全部基础数据，例如列车运行的限制速度、线路信息等；

② **车载设备**　通过传输媒介将地面设备传来的信号进行信息处理，形成列车速度控制数据及列车制动模式，并不断监督和控制列车安全运行。

ATC 系统的构成框架如图 7-13 所示。

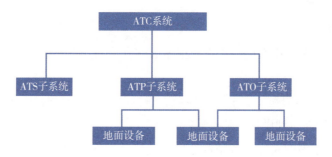

图7-13　ATC系统的构成框架

7.4.3　ATC 系统的功能

1. ATS 子系统

ATS 子系统由控制中心设备、车站设备、车辆段设备、列车识别系统及列车发车计时器等组成。其主要功能如下：

① 根据行车计划编制列车运行图和时刻表，并对其进行管理；

② 进路自动控制或人工控制；

③ 列车运行状态监视；

④ 列车运行调整；

⑤ 列车运行统计；

⑥ 事件及报警报表的生成和系统管理等。

2. ATP 子系统

ATP 子系统是保证列车行车安全、防止列车进入前方列车占用区段和防止超速运行的信号控制系统。其主要功能如下：

① 自动连续地对列车位置进行检测，并向列车发送必要的速度、距离、线路条件等信息，以确定列车运行的最大安全速度；

② 提供列车超速防护，在列车超速时提供常用制动或紧急制动，保证前行与后续列车之间的安全间隔；

③ 确保列车进路正确及列车的运行安全，确保同一进路上的不同列车之间具有足够的安全距离，防止列车侧面冲撞；

④ 保证列车速度不超过线路、道岔、车辆等规定的允许速度；

⑤ 为列车车门的开启提供安全、可靠的信息；

⑥ 实现与 ATS 系统的接口和有关的交换信息；

⑦ 系统的自诊断、故障报警、记录；

⑧ 列车的实际速度、允许速度、目标速度、目标距离等信息的记录和显示，具有人工或自动轮径磨耗补偿功能。

3. ATO 子系统

ATO 子系统在 ATP 子系统的保护下，根据 ATS 子系统的指令，实现列车自动驾驶功能，具体如下：

① 自动完成对列车的起动、牵引、巡航、惰行和制动的控制，以较高的速度进行追踪运行和折返作业，确保达到设计间隔及旅行速度；

② 在自动监控范围的入口及各站停车区域（含折返线、停车线）进行车 – 地通信，将列车有关信息传送至 ATS 系统，并根据 ATS 系统的发车命令、停车时间，控制列车自动发车；

③ 控制列车按图行车，达到节能及自动调整列车运行的目的；

④ 实现车站站台定点停车控制、舒适度控制及节省能源控制；

⑤ 能根据停车站台的位置及停车精度，自动地对车门进行控制。

考核评价

1. 自我评价

自我评价从 4 方面进行，每项 10 分，共计 40 分。自我评价表如表 7-10 所示。

表7-10　自我评价表

序号	评价内容（每项 10 分）	得分	亮点
1	课前知识查阅、调研作业完成情况		
2	课前、课中与人协作表现		
3	对城市轨道交通信号系统工作过程的掌握情况		
4	课前、课中学习态度表现		

2. 小组互评

5 个人一小组，小组内同学互评。小组互评从 3 方面进行，每项 10 分，共计 30 分。小组互评表如表 7-11 所示。

表7-11　小组互评表

序号	评价内容（每项 10 分）	得分	亮点
1	课中学习态度		
2	课中与人协作表现		
3	对城市轨道交通信号系统工作过程的掌握情况		

3. 教师评价

教师评价从 3 方面进行，每项 10 分，共计 30 分。教师评价表如表 7-12 所示。

表7-12　教师评价表

序号	评价内容（每项 10 分）	得分	亮点
1	课前知识查阅、调研作业完成情况		
2	课中参与、与同学协作情况		
3	对城市轨道交通信号系统工作过程的掌握情况		

教师建议：

第8章

轨道交通通信系统

　　轨道交通通信系统是轨道运输系统的中枢神经系统，是实现轨道交通统一指挥调度、保证列车运行安全、提高运输效率和质量的关键技术设备，也是铁路信息化技术的重要技术领域。

　　本章介绍轨道交通通信系统的功能、特点、关键组成要素及工作原理。通过本章的学习，希望达成以下目标：

【知识目标】

1. 了解轨道交通通信系统的作用、特点。
2. 熟悉我国的铁路运输调度通信系统。
3. 熟悉城市轨道交通通信系统。

【能力目标】

1. 能正确说出轨道交通通信系统的作用和特点。
2. 能画出我国的铁路运输调度通信系统的组成结构图。
3. 了解城市轨道交通通信系统的组成要素。

8.1 认识轨道交通通信系统

8.1.1 通信系统的功能

通信主要是完成各种信息的传输。轨道交通系统是一个需要多部门相互配合的完整的综合性大系统，它的各个部分都离不开通信。因此，通信系统在运输中起着神经系统和网络的作用，具体地说，它主要有以下 3 方面的功能：

① 保证指挥列车运行的各种调度指挥命令的传输；
② 为旅客传输各种服务信息；
③ 为设备维修及运营管理提供通信条件。

8.1.2 通信系统的特点

为保证以上功能的顺利实现，轨道交通通信系统的特点如下：

① 具有高可靠性；
② 保证轨道交通运营管理的高效率；
③ 传输多种信息，提供多种通信服务；
④ 多种通信方式结合，形成统一的轨道交通通信网。

8.2 我国的铁路运输调度通信系统

铁路运输调度通信是铁路专用通信的重要组成部分，是直接指挥列车运行的通信设施，按铁路运输指挥系统分，分为干线、局线、区段三级调度通信体系。

8.2.1 干线调度通信系统

干线调度通信是中国铁路总公司（简称铁总）为统一指挥各路局集团公司（中国铁路 ×× 局集团公司，比如中国铁路北京局集团公司，下文简称路局集团公司），协调地完成全国铁路运输计划，在铁总与各个路局集团公司之间设立的各种调度通信。

干线调度通信网络由设在铁总的 Hicom382 数字调度交换机和设在各路局集团公司的 Hicom372 数字调度交换机，以及将铁总的数字交换机与各路局的数字交换机、将相邻路局的数字交换机连接起来的数字中继通道组成，形成一个复合的星形网络，其拓扑结构如图 8-1 所示。

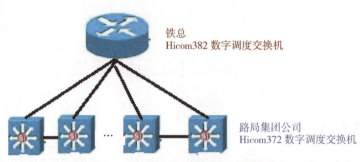

铁总
Hicom382 数字调度交换机

路局集团公司
Hicom372 数字调度交换机

图8-1　干线调度通信网络拓扑结构

设在铁总的 Hicom382 数字调度交换机，是与 18 个路局集团公司相连的干线通信网络的信息汇聚中心，各种调度命令从这里下达到各个路局集团公司，各个路局集团公司的调度情况通过 Hicom372 数字调度交换机沿干线网络向铁总汇聚。同时，相邻路局集团公司之间也通过干线通信网络进行信息传输。图 8-2 是铁总调度指挥中心的大屏系统。

图8-2　铁总调度指挥中心的大屏系统

8.2.2　局线调度通信系统

局线调度通信系统是各个路局集团公司为统一指挥所属主要站段，协调地完成全局运输计划，在路局集团公司与编组站、区段站、主要大站之间设立的调度通信系统。

目前，局线调度通信系统大部分采用自动电话网，也有的利用人工电话所进行接续。在数字调度设备日渐普及的今天，以数字调度设备组建局线调度通信网已成为了必然趋势。通常，路局集团公司的干线数字调度交换机通过数字中继通道与各站段的数字调度交换机（也可利用区段数字调度设备）相连，构成一个星形网络结构的局线调度通信网。不在站段所在地的局调分机，利用区段数字调度通道或专线延伸至区段站、编组站、中间站。其拓扑结构如图 8-3 所示。

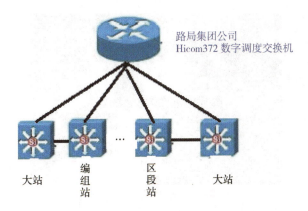

图8-3 局线调度通信系统的拓扑结构

铁总下设 18 个路局集团公司，每个路局集团公司分管不同地区的国铁运输系统的客货铁路运输。比如中国铁路北京局集团公司（简称北京局）所辖线路分布在北京、天津、河北"两市一省"及山东、河南、山西省的部分地区。图 8-4 是北京局调度指挥中心的工作现场。

图8-4 北京局调度指挥中心的工作现场

8.2.3 区段调度通信系统

区段调度通信系统是各调度区段为指挥运输生产，在调度员与所管辖区段的铁路各中间站按专业、部门设置的调度通信系统，统称区段调度系统。按业务性质不同可分为列车调度、货运调度、电力牵引调度及无线列车调度等。

在共线型的区段调度通信系统中，存在两种通信：

① 调度所调度员向车站值班员发布的指令型通信；

② 车站值班员向调度所调度员发出的请示、汇报型通信。

可见，区段调度的通信方式为一点对多点的调度指挥。调度所为指挥中心，处于一点对多点通信系统中"一点"的位置，调度员为指挥官，向各个车站值班员发布调度命令；各个车站的车站值班员在一点对多点的通信系统中处于"多点"的位置，各个车站值班员都要向调度所的调度员进行业务汇报。图 8-5 为调度员工作现场。

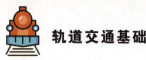

图8-5 调度员工作现场

考核评价

1. 自我评价

自我评价从 4 方面进行，每项 10 分，共计 40 分。自我评价表如表 8-1 所示。

表8-1 自我评价表

序号	评价内容（每项 10 分）	得分	亮点
1	课前知识查阅、调研作业完成情况		
2	课前、课中与人协作表现		
3	对我国铁路运输调度通信系统层级结构及其特点的掌握情况		
4	课前、课中学习态度表现		

2. 小组互评

5 个人一小组，小组内同学互评。小组互评从 3 方面进行，每项 10 分，共计 30 分。小组互评表如表 8-2 所示。

表8-2 小组互评表

序号	评价内容（每项 10 分）	得分	亮点
1	课中学习态度		
2	课中与人协作表现		
3	对我国铁路运输调度通信系统层级结构及其特点的掌握情况		

3. 教师评价

教师评价从 3 方面进行，每项 10 分，共计 30 分。教师评价表如表 8-3 所示。

表8-3 教师评价表

序号	评价内容（每项 10 分）	得分	亮点
1	课前知识查阅、调研作业完成情况		
2	课中参与、与同学协作情况		
3	对我国铁路运输调度通信系统层级结构及其特点的掌握情况		

教师建议：

8.3 城市轨道交通通信系统

与铁路系统相比,城市轨道交通的通信系统相对比较简单,主要用于指挥列车运行、公务联络和传递各种信息,是一个既能传输语音,又能传输文字、数据和图像等各种信息的综合业务数字通信网。

城市轨道交通通信系统主要包括:电话系统、广播系统、闭路电视监控系统、时钟系统等。

8.3.1 电话系统

城市轨道交通电话系统相当于企业的内部电话网,采用程控数字交换组网,通过中继线路接入当地市话网。

电话系统除了提供城市轨道交通系统工作人员之间一般的公务电话通信之外,还可以实现以下专用电话业务。

1. 调度电话

调度电话是为控制中心调度员组织、指挥所管辖范围内车站值班员而设置的一种专用通信系统。在城市轨道交通中设置有行车、电力、环控(防灾)、维修等多个调度网,各调度网内的调度员与下属值班人员可进行直达通信,下达调度、指挥命令。因此,调度电话是城市轨道交通安全、准时、快捷地完成运输任务的必要保障措施,也要求调度电话必须迅速、可靠地直接通话,不应该接入与本系统业务无关的电话。图 8-6 所示是调度员工作现场。

图8-6 调度员工作现场

2. 区间电话

区间电话是在轨道线路沿线每隔一段距离设置的通话装置，其设置形式有两种：一种是区间通话柱，如图 8-7 所示；另一种是轨旁电话，如图 8-8 所示。由于区间通话设施在室外或隧道内，环境比较差，所以需要满足防潮、防火、防燥、防冻、防尘、防破坏性等要求。

图8-7　区间通话柱　　　　　　　　　　　图8-8　轨旁电话

区间电话业务一般分为区间专用电话和区间直通电话两种模式。在使用区间专用电话时，用户摘机后需要拨号呼叫，由车站分机根据所拨号码进行转接；在使用区间直通电话时，可选择通话的用户一般包括上下行车站、行车调度、电力调度、信号、通信和线路桥梁等，摘机后直接接通。

3. 紧急电话

紧急电话具有一键直通功能，可以在紧急情况下快速接通，如图 8-9 所示。

图8-9　紧急电话

8.3.2　广播系统

广播系统是城市轨道交通通信系统中的一个专用子系统，在城市轨道交通行车组织、客运服务、防灾救险、设备维护等方面具有十分重要的作用。

1. 正常运营时的作用

① 在车站的不同区域为售票、检票、进站、候车、乘降、出站、换乘等播报不同的服务用语和有关注意事项，为提供各项服务、维持车站秩序、有效疏导乘客乘车、缩短列车站停时间、确保列车正点创造了条件；

② 在车辆段车场、隧道区间等城市轨道交通作业场所，为调度指挥、车场调车、车辆调试、设备检修、线路维护、供电轨停 / 送电、设备送断电等提供安全提示及告知等作业广播服务。

2. 出现异常状况时的作用

当发生重大活动、节日等引起城市轨道交通客流激增时，作为实施应急客运组织的重要手段，为大客流运营组织提供保障；当遇事故灾害等突发事件时，则作为紧急疏导、指挥救灾的重要工具。

8.3.3　闭路电视监控系统

闭路电视监控系统是城市轨道交通运营、管理、调度的配套设备，使各工种的管理和调度人员能实时地看到现场情况，并可以根据实际情况进行判断，下达调度、指挥命令。闭路电视监控系统能为控制中心调度管理人员、车站值班员、列车驾驶员及站台工作人员等提供所辖主要区域的实时视频监控服务，以确保城市轨道交通系统正常、安全地运行。其主要作用为：

① 向调度中心一级行车人员（行车调度员、环控调度员、电力调度员、值班主任等）提供各站台区行车情况和站厅区乘客流向的图像信息；

② 向车站行车值班员提供本站列车停靠、起动、车门开闭，以及售票机、闸机出入口等处的现场实时图像信息；

③ 向列车驾驶员和站台工作人员提供相应站台乘客上下列车的图像信息。

图 8-10 为闭路电视监控系统的一个监控画面。

图8-10 闭路电视监控系统的一个监控画面

8.3.4 时钟系统

为保证城市轨道交通列车安全、准点、可靠运行，需要各部门、各专业之间密切配合，因此城市轨道交通设置时钟系统以保证准时服务乘客、统一全线设备标准时间。时钟系统具有以下功能：

1. 显示统一的标准时间信息

时钟系统提供全线统一的时间基准，由设置在全线各站、车场的指针式和数字式子钟显示，为乘客和工作人员提供包括年、月、日、星期、时、分、秒等在内的准确时间信息，如图 8-11 所示。

图8-11 时钟

2. 向其他系统提供标准的时间信号

时钟系统可向其他通信子系统、ATC 信号系统、SCADA 电力监控系统、FAS 防灾报警系统、AFC 自动售检票系统等相关系统设备提供准确、统一的时间信息，以便城市轨道交通系统在全线执行统一的时间标准，为轨道交通行车指挥、列车运行、设备管理提供时间基准，确保通信系统及其他重要控制系统协调同步。

考核评价

1. 自我评价

自我评价从 4 方面进行，每项 10 分，共计 40 分。自我评价表如表 8-4 所示。

表8-4　自我评价表

序号	评价内容（每项 10 分）	得分	亮点
1	课前知识查阅、调研作业完成情况		
2	课前、课中与人协作表现		
3	对我国城市轨道交通通信系统各子系统功能的掌握情况		
4	课前、课中学习态度表现		

2. 小组互评

5 个人一小组，小组内同学互评。小组互评从 3 方面进行，每项 10 分，共计 30 分。小组互评表如表 8-5 所示。

表8-5　小组互评表

序号	评价内容（每项 10 分）	得分	亮点
1	课中学习态度		
2	课中与人协作表现		
3	对我国城市轨道交通通信系统各子系统功能的掌握情况		

3. 教师评价

教师评价从 3 方面进行，每项 10 分，共计 30 分。教师评价表如表 8-6 所示。

表8-6　教师评价表

序号	评价内容（每项 10 分）	得分	亮点
1	课前知识查阅、调研作业完成情况		
2	课中参与、与同学协作情况		
3	对我国城市轨道交通通信系统各子系统功能的掌握情况		

教师建议：

参考文献

[1] 佟立本 . 高速铁路概论 [M] . 4 版 . 北京：中国铁道出版社，2012.

[2] 韩宝明，李学伟 . 高速铁路概论 [M] . 2 版 . 北京：北京交通大学出版社，2010.

[3] 杨中平 . 高速铁路技术概论 [M] . 北京：清华大学出版社，2015.

[4] 佟立本 . 铁道概论 [M] . 7 版 . 北京：中国铁道出版社，2016.

[5] 于存涛，李良玉 . 城市轨道交通概论 [M] . 北京：北京交通大学出版社，2015.